Michael S. Sorensen

ICH WEISS, WAS DU MEINST

Das überraschend einfache
Geheimnis guter Beziehungen

Aus dem Englischen von Alexander Foß

Ich weiß, was du meinst. Das überraschend einfache Geheimnis guter Beziehungen

Michael S. Sorensen

Copyright ©2017 Michael S. Sorensen

Die Originalausgabe erschien unter dem Titel: I Hear You.
The Surprisingly Simple Skill Behind Extraordinary Relationships

©2023 ABP Verlag

Übersetzung von Alexander Foß

Alle Rechte vorbehalten. Herausgegeben von ABP Verlag,
einer Abteilung von ABP Publishing Ltd.

www.abpverlag.de

ABP Verlag ist eine eingetragene Marke von ABP Publishing Ltd.

Umschlaggestaltung von Natalia Gulina

Buchgestaltung von Laura Faraci

Redakteurin: Daria Tracz-Razmyslovich

Chefredakteurin: Viktoria Salnikova

ISBN (Taschenbuch) 978-1-62861-694-1

ISBN (Hörbuch) 978-1-62861-650-7

ISBN (eBook) 978-1-62861-693-4

Anmerkung des Verlags

Dieses Buch soll dazu dienen, nützliche Informationen über das behandelte Thema zu bieten. Es wird unter dem Vorbehalt verkauft, dass weder der Verlag noch der Autor psychologische, medizinische oder professionelle Ratschläge geben. Falls professionelle Hilfe oder Beratung nötig sind, sollten qualifizierte Fachleute herangezogen werden.

Viele der in diesem Buch beschriebenen Ereignisse haben sich tatsächlich ereignet. Namen und alle Details, die Rückschlüsse auf die beteiligten Personen ermöglichen könnten, wurden jedoch geändert, um ihre Privatsphäre zu schützen.

Inhaltsverzeichnis

Danksagung   9
Einführung   11

Teil I: Die Macht der Bestätigung
Kapitel 1: Warum es sich lohnt   23
Kapitel 2: Das Einmaleins der Bestätigung   31
Kapitel 3: Gängige Missverständnisse   49
Kapitel 4: Aller Anfang ist Empathie   59

Teil II: Die Vier-Schritte-Methode der Bestätigung
Einführung zu Teil II   69
Schritt 1: Einfühlsames Zuhören   71
Schritt 2: Die Emotion bestätigen   81
Schritt 3: Rat oder Trost geben (falls angemessen)   93
Schritt 4: Nochmals bestätigen   105

Teil III: Wie alles zusammenkommt
Lebensnahe Situationen   111
Abschließende Gedanken   127

Nachwort   135
Endnoten   137

Danksagung

Dieses Buch und mein eigenes Verständnis der darin beschriebenen Prinzipien wären ohne die Weisheit und Ratschläge meiner Mentorin, Lebenshilfe und Freundin Jodi Hildebrandt nicht möglich gewesen. Ich verdanke ihr mein Verständnis von gesunden Beziehungen und gesunder Kommunikation und die vielen Jahre, in denen sie mich geleitet, unterrichtet und betreut hat.

Ich habe auch meinen Eltern viel zu verdanken, die mir vorgelebt haben, wie wichtig Ehrlichkeit, Großzügigkeit und Mitgefühl in meinem Alltag sind. Ohne ihre Geduld, Unterstützung, Orientierung und Inspiration wäre ich nicht dort, wo ich heute bin.

Einführung

> *„Denk daran, dass jeder, dem du begegnest, vor etwas Angst hat, etwas liebt und etwas verloren hat."*
>
> H. Jackson Brown, Jr.

„Bist du hier aus der Gegend?"

„Ich bin in Kalifornien aufgewachsen, aber ich lebe jetzt seit den letzten 15 Jahren hier. Und du?"

Ich hatte gerade diese Frau für ein erstes Date abgeholt und wir waren auf dem Weg zur nächsten Eisdiele. Sie hatte einen langen Arbeitstag hinter sich und ich dachte mir daher, ich würde es lieber kurz und unverbindlich halten – mir eine halbe Stunde Zeit nehmen, sie etwas näher kennenlernen und sie zum Wochenende einladen, wenn alles gut ging.

Es folgte der übliche Smalltalk, aber ich merkte sofort, dass sie nicht da sein wollte. Es schien mehr als nur Desinteresse zu sein – sie wirkte verschlossen. Sie hing schlaff in ihrem Stuhl, gab kurze, kaum hörbare Antworten von sich und schaute sich ständig um, als wäre sie auf der Suche nach einer Uhr oder einer Ausrede, um sich zu verabschieden.

Als ich sie eine Woche zuvor getroffen hatte, war sie freundlich, aufgeschlossen und putzmunter. Die Frau aber, die da neben mir saß, war alles andere als das. Es schien ihr egal zu sein, was ich sagte oder fragte. Sie gab mir ziemlich deutlich zu verstehen, dass ihr nicht nach Reden zumute war.

Ich versuchte ungefähr zehn Minuten lang weiter, das Gespräch im Gang zu halten, bis ich schließlich aufgab. Wir stiegen in mein Auto und machten uns auf den Heimweg. Auf der Fahrt fragte ich sie nach ihrer Familie. Sie hielt einen Augenblick lang inne und deutete dann an, es sei ein heikles Thema. „Ach so", dachte ich mir, „das würde natürlich so manches erklären." Ich rechnete damit, sie würde es dabei belassen, doch zu meiner Überraschung fing sie an, sich zu öffnen.

„Meine Eltern sind gerade mitten in der Scheidung", sagte sie.

„Oh ...", antwortete ich, wobei ich plötzlich großes Mitleid mit ihr hatte. „Das tut mir echt leid."

„Das geht schon", murmelte sie und machte dabei ein nicht gerade überzeugendes hartes Gesicht. „Das ist schon in Ordnung."

„Ähm ... nein? Das ist nicht ‚in Ordnung', wenn sich deine Eltern scheiden lassen", sagte ich. „Das muss ja wohl unglaublich hart sein."

„Ja, eigentlich ist das echt scheiße", bestätigte sie schnell und ließ ihre Fassade fallen.

„Und der Gipfel ist ja: Ich habe vor Kurzem erfahren, dass mein Papa vorhat, eine andere zu heiraten, und ich bin nicht mal zur Hochzeit eingeladen. Wo die sich erst vor einem Monat getrennt haben!", sagte sie.

„Das ist doch nicht dein Ernst."

„Doch. Es ist echt das Letzte. Hin und wieder schickt er Geld, aber das fühlt sich an wie eine Ohrfeige. Der meint wohl, er könnte mit Geld schon alles richten. Er meint, er könnte sich einfach so verdrücken und mich und Mama sitzen lassen. Und als wäre das nicht genug, erfahre ich plötzlich, dass er sich auf Hawaii trauen lässt, und seine Kinder sind nicht mal eingeladen!"

„Das gibt's doch nicht ...", sagte ich mit einer Mischung aus Schock, Wut und Trauer.

Ich hörte ihr noch einige Minuten lang aufmerksam zu, während sie redete, Dampf abließ und überraschend offen und ehrlich zu mir wurde. Nach einer kurzen Pause kam ich zu Wort.

„Ach, Rachel, das tut mir echt so leid für dich. Ehrlich, ich kann nicht behaupten, dass ich wüsste, wie du dir vorkommst, denn das weiß ich nicht. Ich habe noch nie eine Scheidung mitmachen müssen. Und ich kann mir nur vorstellen, wie weh dir das tun muss."

Äußerlich schien sie meinen Kommentar zwar nicht zu bemerken, aber sie wirkte deutlich entspannter und fuhr fort.

„Und weißt du, was das Schlimmste ist? Wenn dir deine beste Freundin dann noch sagt, du müsstest ja nur lächeln, denn dann geht's dir gleich besser."

Ich schüttelte ungläubig den Kopf. „Als ob das helfen würde", sagte ich mit einfühlsamem Sarkasmus.

„Im Ernst!", fuhr sie fort. „Und alle anderen sagen ähnliche Sachen! ‚Könnte schlimmer sein' oder ‚Wirst schon drüber hinwegkommen'. Ich bin doch nicht bescheuert. Ich weiß ja, dass ich irgendwann drüber hinwegkommen werde. Das ist aber nicht das, was ich gerade hören will."

„Das ist so frustrierend", sagte ich. „Das ist doch das Allerletzte, was man hören will, wenn man so etwas durchmacht."

„ALLERDINGS", seufzte sie.

Die nächste Stunde lang saßen wir im gedämpften Licht meines Autos, während Rachel sich mir völlig anvertraute. Neben der Scheidung war sie gerade eine Woche zuvor in einen Autounfall verwickelt (den sie erstaunlich unversehrt überstanden hatte) und bei ihrer jüngeren Schwester wurde Krebs diagnostiziert. Eine Scheidung, ein schwerer Autounfall und eine krebskranke Schwester – all das innerhalb eines Monats. Und ich spürte, dass es das erste Mal war, dass sie jemandem all das anvertraut hatte.

Während unseres Gesprächs bemühte ich mich nicht nur darum, ihr zu zeigen, dass ich ihre Gefühle anerkannte und ihr zuhörte, sondern auch, dass ich ihre Erlebnisse mitfühlte. Ich sah ihren Schmerz und hatte nicht die Absicht, ihn zu bewerten, ihr Ratschläge zu geben oder ihr zu sagen, dass sie darüber hinwegkommen solle. In diesem Moment konnte ich ihr lediglich vermitteln, dass ihr Schmerz, ihre Wut und Verwirrung gerechtfertigt waren und dass sie das Recht und das Bedürfnis hatte, sie zu empfinden.

Als sich der Abend dem Ende näherte, hielt sie für einen Moment inne und sagte: „Danke. Es tut mir leid, dass ich mich bei dir so offen ausgelassen habe. Ich habe einfach schon lange nicht mehr das Gefühl gehabt, dass ich das bei jemandem tun könnte. Es ist das erste Mal seit Langem, dass ich mich wirklich erleichtert fühle."

Ich dankte ihr dafür, so offen zu mir zu sein und brachte sie zu ihrer Wohnung. Als ich in mein Auto stieg, blieb ich ein paar Minuten sitzen und reflektierte über das Geschehene. Was als unangenehmes, einseitiges, dreißigminütiges Date begann, endete als außergewöhnlich verbindendes und beeindruckendes Erlebnis. Nicht nur fühlte sich diese neue Bekanntschaft sicher genug, sich mir anzuvertrauen, sondern ich empfand auch eine echte Liebe, Fürsorge und Mitgefühl für sie - und das alles in nur einer Stunde. Hierbei meine ich natürlich nicht, dass ich mich in sie verliebt habe, sondern vielmehr das Gefühl, jemanden auf einer tieferen Ebene zu verstehen und zu schätzen, jemanden, dem man wirklich wichtig ist. Später an diesem Abend schrieb ich Folgendes in mein Tagebuch:

„Es war einfach unglaublich zu beobachten, wie sie sich öffnete und sich sicher fühlte. Ich glaube, sie konnte meine Liebe zu ihr spüren, weil ich wusste, wie ich ihr Bestätigung geben konnte. Es war, als ob sie frische Luft bekam, als ob sie endlich durchatmen konnte. Sie fühlte sich wirklich gehört und verstanden."

Mein Aha-Erlebnis

Dieses Erlebnis war für mich ein Wendepunkt. Ich sah klarer als je zuvor, wie wirksam Bestätigung ist und ich war mehr als nur begeistert.

Von Bestätigung – was letztlich heißt, jemandem das Gefühl zu geben, gehört und verstanden zu werden – hatte ich zum ersten Mal von meiner Therapeutin und Lebensberaterin erfahren. Ich traf mich über mehrere Jahre hinweg zweimal wöchentlich mit ihr, in Einzel- und Gruppensitzungen, und wir behandelten alles, vom Ärger auf der Arbeit über

Beziehungsprobleme bis hin zu Alltagsstress. Ihr Therapie- und Beratungsansatz konzentrierte sich darauf, anderen Menschen beizubringen, wie man ein ehrliches, erfülltes Leben in Verbundenheit mit anderen Menschen führt (zur Anmerkung: Ich bin mittlerweile der Meinung, dass jeder einen guten Therapeuten haben sollte. Wirklich. Es ist lebensverändernd). Schnell fand ich mich mit Prinzipien und Praktiken wieder, die dem widersprachen, wie die meisten Menschen ihr Leben führen. Je mehr ich mich in ihnen übte, desto selbstbewusster und verbundener mit anderen Menschen wurde ich. Bestätigung ist, wie Sie vielleicht schon erraten haben, eines dieser Prinzipien.

Als ich mit Rachel ausging, war mir Bestätigung bereits ziemlich vertraut. Ich wusste, wie man ihr Bedürfnis danach erkennt und hatte auch schon Erfahrung darin, sie zu geben. Was ich allerdings nicht wusste, war, wie sehr sich Menschen nach ihr sehnen. Als ich sah, wie sie Rachels Mauer aus Wut, Frust und Kränkung förmlich verschwinden ließ, öffnete mir das die Augen, um es milde auszudrücken.

Die kommenden Monate über hatte ich ähnliche Erlebnisse mit Familienangehörigen, Freunden und Kollegen. In den Gesprächen drehten sich die Themen von Dating über Heirat bis hin zu wichtigen beruflichen Entscheidungen. Dabei bemerkte ich, dass ich diese Gespräche mit absoluter Klarheit und einem Gefühl der Verbundenheit mit meinen Gesprächspartnern führte.

Je mehr ich mich in dieser neu erlernten Fähigkeit übte, desto deutlicher wurden ihre Vorteile. Man begann immer mehr, mir Dinge zu sagen wie: „Mit dir kann man sich gut unterhalten" oder „Du bist ein guter Zuhörer". Nachdem sie mich in meinem Umgang mit anderen beobachtet hatte, sagte eine meiner Mentorinnen mir: „Sie haben wirklich eine Begabung, andere Menschen zu beruhigen." Mitarbeiter erzählten mir, sie würden es schätzen, wie offen ich als Manager sei und wie beeindruckt sie davon seien, wie ich mit zwischenmenschlichen Konflikten und Unstimmigkeiten zwischen den Abteilungen umging.

Ich erzähle Ihnen diese Kommentare nicht, um meinem Ego zu schmeicheln, sondern um Ihnen zu veranschaulichen, dass 1) die Fähigkeit, Bestätigung zu geben, eine merkliche und weitreichende Wirkung hat und dass sie 2) eine Fähigkeit ist, die jeder und jede lernen kann. Was diese Menschen in mir sahen, war etwas, was ich gelernt hatte und nicht etwas, wovon ich instinktiv wusste, wie es geht. Als ich merkte, dass ich auf etwas sehr Wertvolles gestoßen war, fing ich an, nach Wegen zu suchen, es mit anderen zu teilen. Die Fähigkeit, Bestätigung geben zu können, hatte eine positive Auswirkung auf fast alle Bereiche meines Lebens – meine Freundschaften, Gespräche mit Mitarbeitern und Vorgesetzten, mein Liebesleben, meine familiären Beziehungen und sogar meinen Umgang mit Fremden. Es war für mich unumgänglich, diese Fähigkeit weiterzugeben.

Obwohl ich feststellte, dass es mehrere kurze Online-Artikel zum Thema Bestätigung gab, fand ich nichts, das auf dem gewünschten Niveau war und die praktische Anwendbarkeit so gut vermittelte, wie es mir am sinnvollsten schien. Es gibt Bücher über alles Mögliche, von richtigem Fluchen bis zum Basteln mit Katzenhaaren (kein Witz), aber ziemlich wenige über die Nützlichkeit und Wirksamkeit von Bestätigung. Außer anderen vier Jahre Therapie zu empfehlen, fiel es mir also schwer, mir zu überlegen, wie ich diesen Schatz mit anderen teilen kann.

Rund sechs Monate nach meinem Date mit Rachel bekam ich einen Anruf von meinem Bruder. Er steckte etwas in Schwierigkeiten und suchte um Rat. Er erklärte mir die Sachlage und hielt dann inne. Mein erster Instinkt lautete, direkt eine Lösung zu präsentieren. Als ich aber an meine jüngsten Erfahrungen mit Bestätigung dachte, hatte ich das Gefühl, es gäbe eine bessere Lösung. Ich hielt mich mit meinen Ratschlägen zurück und sagte einfach: „Mann, das tut mir echt leid. Das muss ja total frustrierend sein. Ich erinnere mich daran, dass ich letzten Monat mit einer ähnlichen Situation zu tun hatte, und ich kann definitiv nachvollziehen, wie hart das sein kann."

Tatsächlich half dieser einfache Kommentar, bei meinem Bruder deutlich viel Frust abzubauen. Als er wieder zu Wort kam, war die Erleichterung in seiner Stimme schon deutlich hörbar. Er teilte mir seine Gedanken über die Situation mit und wie er vorhatte, mit ihr umzugehen. Zu meiner Überraschung hatte er sich schon genau die Lösung überlegt, die ich vorhatte, ihm anzubieten. Es schien, dass er, obwohl er mich anrief und um Rat bat, eigentlich nur nach Bestätigung suchte. Wir redeten noch ein paar Minuten und verabschiedeten uns dann. Er sagte mir, er fühle sich wesentlich besser und dankte mir dafür, dass ich mir die Zeit zum Reden genommen hatte. Als ich das Telefon auflegte, saß ich einen Moment lang da und dachte nach.

„Diese Sache mit dem Bestätigen ist unglaublich", dachte ich mir.

Dann kam mir der Gedanke, mit dem ich niemals gerechnet hätte.

„Was, wenn ich ein Buch darüber schreiben würde?"

„Lustig", schoss mein innerer Kritiker zurück, „ausgerechnet du willst ein Buch schreiben?"

Der Gedanke ließ mich aber nicht los. So komisch es klingt, ich fühlte mich beinahe dazu gezwungen, etwas zu schreiben – als wäre ich irgendjemandem etwas schuldig. Es kam mir egoistisch vor, anderen nicht die Prinzipien mitzuteilen, die mein Leben so deutlich bereichert hatten.

„Ich bin doch kein Autor, Forscher oder Psychologe", dachte ich. „Warum sollte überhaupt jemand Interesse daran haben, was ich zu sagen habe?"

Wirklich? Vielleicht nicht. Die Tage und Wochen vergingen, aber es kam mir vor, als würde jedes Erlebnis, jedes Gespräch und jeder Moment, den ich allein nachdachte, mich darauf bringen, dieses Buch zu schreiben. Ich musste es einfach schreiben. Ich musste es zumindest versuchen, es mit anderen zu teilen. Wenn der Versuch auch nur einer einzigen Person geholfen hätte, hätte es sich gelohnt. Schließlich öffnete ich eines sonnigen Sonntagmorgens meinen Laptop und fing an, zu schreiben.

Was Sie von diesem Buch erwarten können

Also: Nein, ich bin kein Psychologe, ich habe keine Prominenten oder hohen Tiere aus der Wirtschaft therapiert und habe auch keinen Doktortitel vor meinem Namen. Ehrlich gesagt habe ich meine Zweifel, dass ich irgendwie intelligenter, begabter oder fähiger bin als Sie. Was ich Ihnen aber mitzuteilen habe, sind das Wissen und die Erkenntnisse, die ich aus vier Jahren Therapie, Coaching und unglaublich vielen Versuchen und Fehlern mitgenommen habe. Ich habe Erkenntnisse und bewährte Methoden aus dutzenden Büchern zum Thema zusammengestellt, die Kernprinzipien aus über 500 Stunden Gespräch mit studierten Profis herausdestilliert und habe diese Ansätze über tausendmal geübt, angepasst und bewiesen. Sie werden mir ein wenig Vertrauen entgegenbringen müssen, bis Sie selbst darauf kommen, aber ich versichere Ihnen: Die Sache ist es wert. Wie Sie wohl auch gemerkt haben, ist dieses Buch ziemlich kurz. Ich habe schon versucht, weitere (sprich: unnötige) Kapitel, Geschichten und anderen Kram einzubringen, um das Buch länger zu machen. Ein dickeres Buch macht schließlich mehr Eindruck im Regal, oder? Wenige Dinge stören mich aber mehr, als ein Buch zu lesen, das 300 Seiten braucht, um etwas zu erklären, was man auch auf 50 Seiten erklären kann. So ein Buch soll dieses nicht sein.

Stattdessen werde ich schnell zur Sache kommen, damit sie loslegen und wirklich etwas ausprobieren können. Denn letztlich ist Ausprobieren der einzige Weg, um herauszufinden, ob die Prinzipien, die ich in diesem Buch erkläre, wirklich so wirksam sind, wie ich es sage. Üben Sie sie ein. Probieren Sie sie aus. Ich habe Geschichten und Studien mit aufgenommen, wo ich sie für sinnvoll hielt und auf sie verzichtet, wo ich das nicht tat. Mein Ziel für dieses Buch war es, keine schwere Kost vorzusetzen, sondern etwas, das man in einem Wochenende durchlesen und bei Bedarf nachschlagen kann.

Bevor wir nun einsteigen, müssen Sie wissen, dass diese Prinzipien nicht im Handumdrehen jedes Problem in Ihren

Beziehungen lösen, Sie von allen Krankheiten heilen oder Sie besser dastehen lassen. Sie werden aber auf jeden Fall Ihre Beziehungen verbessern, die Wahrscheinlichkeit erhöhen, dass man auf Ihren Rat hört, Ihre Fähigkeit verbessern, anderen in schweren Zeiten beizustehen und Ihnen dabei helfen, mit emotional aufgeladenen Situationen besser umzugehen. Ich habe diese Prinzipien in meinem eigenen Leben Wunder vollbringen sehen, und auch im Leben unzähliger anderer Menschen. Immer wieder erweisen sich diese Prinzipien als lohnend. Wenn Sie sie sich zu Herzen nehmen, werden Sie es nicht bereuen.

TEIL I:
Die Macht der Bestätigung

Kapitel 1:
Warum es sich lohnt

> *„Dass andere einem zuhören und einen verstehen, ist eine der größten menschlichen Sehnsüchte. Und wer lernt, zuzuhören, gehört zu den beliebtesten und geachtetsten Personen."*
>
> Richard Carlson

Die meisten werden das obige Zitat lesen und sagen: „Klar, die Leute mögen es, wenn man ihnen zuhört – das ist ja wohl nicht überraschend. Wenn ich ein guter Zuhörer bin, werden mich die Leute mehr mögen und achten." Das stimmt zwar, aber es steckt noch etwas mehr dahinter. Achten Sie den zweiten (und ich würde sagen den wichtigsten Teil des ersten Satzes): „Dass andere einem zuhören und einen verstehen, ist eine der größten menschlichen Sehnsüchte."

Diese Unterscheidung legt nahe, dass es einen Unterschied zwischen *Zuhören* und *Verstehen* gibt, und dass wir Menschen uns nach beidem sehnen.

Haben Sie schon mal mit jemandem geredet, der zwar ganz klar gehört hat, was Sie sagen, aber irgendwie nicht verstanden hat, was Sie meinen? Oder jemand, der zwar verstanden hat, worauf Sie hinauswollen, offensichtlich aber die Emotion oder die Schwere der Situation nicht nachvollziehen konnte? Dieser Mensch hat Ihnen zugehört, aber hat Sie nicht wirklich verstanden.

Zuhören kommt von Hören, und das tun wir in erster Linie mit unserem Gehör, unseren Ohren, die uns erlauben, Schall wahrzunehmen. Wonach wir uns aber sehnen, ist nicht nur angehört zu werden – dass man uns wirklich zuhört und versteht.

Das wirft nun die Frage auf: Wie zeigt man jemandem, dass man ihm wirklich zuhört, dass man ihn erhört? Und hier wird die Sache interessant. Wirklich gute Zuhörer hören nämlich nicht nur einfach zu. Sie hören zu, versuchen, zu verstehen und bestätigen es dann. Dieser dritte Punkt ist das Geheimrezept – die magische Zutat.

Nicht nur zuhören, sondern auch etwas sagen

Vor langer Zeit war ich einmal mit einer Frau zusammen, die zwar gut zuhören konnte, aber es fiel ihr schwer, Bestätigung auszudrücken. Wenn ich ihr von aufregenden oder schwierigen Erlebnissen erzählte, wirkte sie oft distanziert und nachdem ich ausgeredet hatte, hatte ich das Gefühl, dass sie mir mit ihrem Blick sagen wollte: „Sonst noch was?"

Eines Abends wurde es mir zu viel, als ich ihr etwas mitgeteilt hatte, wovon ich ganz besonders begeistert war. Als ich mit meiner Geschichte fertig war (und mich etwas beruhigt hatte, weil ich dazu neige, mich beim Erzählen leicht mitreißen zu lassen), schaute ich sie an und sah immer noch denselben ziemlich unbeeindruckten Gesichtsausdruck. „Cool!", sagte sie.

Und das war es.

Ich hielt noch etwas inne, in der Erwartung, sie würde fortfahren mit einem „Das ist ja toll!" oder „Was hast du dann gemacht?", oder irgendetwas, das mir gezeigt hätte, dass ihr wichtig war, was ich ihr gerade mitgeteilt hatte. Ich hatte schließlich mehrere Minuten lang geredet. Eine einsilbige Antwort konnte da ja wohl nicht alles sein, was sie zu sagen hatte.

Nichts.

Sie schaute mich einfach mit ihrem unbeeindruckten (wenn auch angenehmen) Gesichtsausdruck an und fragte schließlich: „Was denn?"

Okay. Was war da los? Sie hörte sich meine Geschichte an, unterbrach mich nicht und ihre einsilbige Antwort wirkte eigentlich ganz angenehm. Was hatte ich erwartet?

Was ich erwartet hatte – und wonach ich mich in diesem Punkt in unserer Beziehung sprichwörtlich sehnte – war Bestätigung. Ich wollte das Gefühl haben, dass sie meine Begeisterung sieht, versteht und teilt. Ich erzählte ihr die Geschichte nicht etwa, weil ich gerne rede. Ich erzählte sie ihr in der Hoffnung, sie würde meine Begeisterung sehen und sich mit mir begeistern. Ich hoffte, wir würden über dieses gemeinsame Erlebnis einander näherkommen.

Als ich an diesem Abend nach Hause kam, tat ich das, was jeder gesunde, produktive und verantwortungsbewusste Mensch tun würde und fing an, gedankenlos auf Facebook zu surfen. Nach ein paar Minuten kam ich auf einen Link zu einem Artikel im *Business Insider* namens „Wissenschaft sagt: stabile Beziehungen basieren auf 2 Grundeigenschaften". Interessiert klickte ich den Link und fing an zu lesen.

Der Artikel behandelte Studien, die vom Psychologen John Gottman geleitet wurden. Über die letzten vier Jahrzehnte hinweg hat er tausende von Paaren untersucht, um herauszufinden, was Beziehungen gesund hält. Um genauer zu verstehen, warum manche Paare gesunde, feste Beziehungen haben und andere nicht, richteten Gottman und seine Kollegen das Labor so ein, als wäre es eine schöne Ferienwohnung. Sie luden 130 frischverheiratete Paare ein, um einen Tag lang in der Wohnung zu verbringen und sie bei dem zu beobachten, was die meisten Menschen an einem typischen Wochenende eben machen – kochen, plaudern, putzen und sich entspannen.

Als Gottman den Umgang jedes Paares untereinander untersuchte, begann er, ein Muster festzustellen. Den Tag über äußerten die Partner untereinander kleine, scheinbar unbedeutende Wünsche nach Kontaktaufnahme. So schaute ein Mann aus dem Fenster und sagte: „Wow, guck dir mal das Auto an!" Es ging ihm aber nicht nur ums Auto, es ging ihm darum, dass seine Frau mit geteiltem Interesse oder Wertschätzung reagierte. Er erhoffte sich, ihr über das Auto näherzukommen – wenn auch nur vorübergehend. Gottman nennt diese Wünsche nach Kontaktaufnahme „Bitten".

Die Frau konnte dann wählen, entweder positiv („Wow, das ist aber schön!"), negativ („Bäh, ist das hässlich") oder passiv zu antworten („Mmm, ganz nett"). Gottman bezeichnete positive und auf das Gesagte eingehende Antworten als „Zuwendung" zum Bittsteller und negative und passive Antworten als „Abwendung". Es zeigt sich, dass die Art und Weise, wie Paare auf diese Bitten reagierten, erhebliche Auswirkungen auf ihr Eheleben hatte.

Gottman fand heraus, dass es bei Paaren, die sich in der sechsjährigen Nachfolgestudie scheiden ließen, nur zu 33 % zu „Zuwendungen" kam, d.h. dass nur drei von zehn Wünschen nach Kontaktaufnahme mit Interesse und Mitgefühl begegnet wurden.[1]

Paare hingegen, die nach der sechsjährigen Nachfolgestudie zusammenblieben, hatten eine „Zuwendungsrate" von 87 %. Fast *neun von zehn Malen* erfüllten gesunde Paare die emotionalen Bedürfnisse ihres Partners.

Und hier ist der Knaller: Durch Beobachtung solcher Interaktionen kann Gottman offenbar mit einer *bis zu 94-prozentigen Sicherheit* vorhersagen, ob Paare – unabhängig von ihrem sozialen Status, sexueller Orientierung, Alter oder anderen Faktoren – in den nächsten Jahren auseinandergehen, unglücklich zusammenbleiben oder glücklich zusammenbleiben.

Als ich an meinem Computer saß und diesen Artikel las, machte es Klick. Ein Strom der Erleuchtung und Bestätigung (mit einem Hauch von Rechtfertigung) zog durch meinen Körper. Das war es, was in meiner Beziehung fehlte! Ich äußerte in der Tat mehrere „Bitten" oder Wünsche nach Kontaktaufnahme pro Tag, hatte aber das Gefühl, dass ich von meiner Freundin nur höchstselten „Zuwendung" bekam.

Ich war damals schon mit dem Konzept der Bestätigung vertraut und war ziemlich gut darin geworden, sie anderen zu geben, aber ich hatte noch nicht gelernt, zu erkennen, wann ich sie brauchte. Als ich den Artikel las, wurde mir klar, dass das, was Gottman als „Zuwendung" zu einem anderen Menschen bezeichnet, einfach ein anderer Ausdruck für Bestätigung ist – Interesse an Kommentaren, Bitten oder Emotionen des Gegenübers zu zeigen und deren Wert anzuerkennen.

Diese neue Erkenntnis öffnete mir die Augen für eine klare Tatsache: Bestätigung ist entscheidend, um gesunde, erfüllende Beziehungen aufzubauen. Und zwar für jede Art von Beziehung, ob Liebesbeziehungen oder andere. Der Kerngedanke dieses Buches ist also, dass man, um ein „guter Zuhörer" zu werden, eigentlich ein guter Bestätiger werden muss.

Das Schweizer Taschenmesser der Kommunikationsfähigkeiten

Vor ein paar Jahren traf ich mich mit einem guten Freund zum Mittagessen. Wir erzählten uns Neuigkeiten aus unserem Leben und schwelgten in ein paar gemeinsamen Erinnerungen. Im Verlauf des Gesprächs kamen wir auf meine neueste Studie und das Thema Bestätigung zu sprechen. Ich hatte ihm einige meiner Studien vor ein paar Monaten zugeschickt, sodass er und ich dabei waren, es „auszuprobieren". Wir analysierten neueste Erlebnisse, suchten nach Gemeinsamkeiten und waren erstaunt, wie wirksam diese Fähigkeit war. Vor gerade einer Woche hatte ich die Vier-Schritte-Methode (die in Teil II dieses Buches vorgestellt wird) angewandt, um eine angespannte Situation auf der Arbeit zu lösen. Damals, als ich von Bestätigung noch nichts wusste, wäre eine solche Situation in einer ein- bis zweistündigen Diskussion und oft mit deutlichem Frust geendet. Mit meiner neu entdeckten Herangehensweise war die Sache in 30 Minuten geregelt, und alle Beteiligten fühlten sich angehört und verstanden. Als ich meinem Freund von dem Erlebnis erzählte, lachte ich, schüttelte ungläubig meinen Kopf und sagte: „Das ist das reinste Hexenwerk!"

Ich weiß, es klingt vielleicht übertrieben, aber Bestätigung wirkte wie Zauberei. Natürlich führte nicht jedes Gespräch zu einem bahnbrechenden Erlebnis, aber immer öfter erwies sich die Vier-Schritte-Methode als wirksam, wie sie versprach. Ich lernte, anderen das Gefühl zu vermitteln, dass sie angehört und verstanden werden, und mir wurde allmählich bewusst, wie sehr Menschen dieses Bedürfnis haben. Wenn man bedenkt, dass nur wenige überhaupt wissen, was Bestätigung bedeutet, wird deutlich, warum es sich fast wie Zauberei anfühlt.

Mit den Prinzipien, Mitteln und Techniken, die ich in diesem Buch erläutere, können Sie:

• **Bedenken, Ängste und Unsicherheiten bei anderen beschwichtigen (und teilweise auch beseitigen).** Das ist besonders nützlich, wenn Ihr Partner aufgeregt ist, wenn Sie mit aufgebrachten Kunden oder Mitarbeitern zu tun haben oder versuchen, Kleinkindern etwas zu erklären.

• **andere besser begeistern oder glücklich machen.** Das nützt vor allem Ihrem Gegenüber. Studien zeigen aber, dass es das Gefühl der Verbundenheit und Zufriedenheit in einer Beziehung enorm steigern kann, wenn Sie die positiven Erlebnisse anderer bestätigen.

• **anderen beistehen und Mut machen, auch wenn Sie das Problem nicht lösen können.** Es verleiht einem ein enormes Selbstbewusstsein, wenn man weiß, dass man anderen Menschen in jeder Situation helfen kann, unabhängig von der eigenen Erfahrung oder Expertise.

• **Liebe, Verständnis und Mitgefühl leichter in Ihren intimen Beziehungen zeigen.** Studien (und der gesunde Menschenverstand) zeigen, dass diese Fähigkeit entscheidend für feste, glückliche Beziehungen ist.

• **anderen das Gefühl geben, sich Ihnen anvertrauen zu können.** Das sorgt für eine tiefere, bedeutendere Bindung und mehr Sympathie Ihnen gegenüber.

• **Streit vermeiden oder schneller lösen.** Statt sich die Köpfe einzuschlagen oder sich im Kreis zu drehen, werden Sie sich Zeit, Frust und Kopfschmerzen sparen, wenn Sie wissen, wie Sie Ihr Gegenüber beruhigen und gleichzeitig Ihren Standpunkt vertreten können.

- **Rat geben, der befolgt wird.** Wenn Sie andere Menschen verstehen und ihnen Bestätigung geben, werden sie offener für Ihren Rat, Ihre Rückmeldungen und Ihren Trost sein.
- **zu einem allgemein sympathischeren Menschen werden.** Wenn Sie anderen das Gefühl geben, angehört und verstanden zu werden, werden sie Sie von Natur aus sympathischer finden. Menschen haben ein tief verwurzeltes Bedürfnis nach Verständnis und Wertschätzung. Wer diese Bedürfnisse ehrlich erfüllt, erlangt große Beliebtheit und Anerkennung.

Mit anderen Worten: Es ist schlichtweg unglaublich. Und es gilt für praktisch jede Beziehung in Ihrem Leben. Ob bei Kollegen, Freunden, Geschwistern, Eltern, Kindern, Nachbarn, Partnern, der Freundin, dem Freund, dem Frisör, Vorgesetzten, Vermietern oder Taxifahrern: Sie können Bestätigung einsetzen, um diese Beziehung zu verbessern.

Kapitel 1: Zusammenfassung

Wir wollen (und brauchen) mehr als nur ein offenes Ohr. Als Menschen verspüren wir das Bedürfnis, angehört und verstanden zu werden. Wir sehnen uns danach, akzeptiert und wertgeschätzt zu werden. Gute Zuhörer tun deshalb mehr als nur zuhören – sie geben Bestätigung.

Bestätigung kann in Ihrer Ehe oder Liebesbeziehung enorm viel ausmachen. Studien zeigen, dass Paare, die lernen, einander zu bestätigen und beizustehen, wesentlich glücklichere und festere Beziehungen haben als Paare, die das nicht tun.

Bestätigung ist ebenso vielseitig wie wertvoll. Die richtige Bestätigung kann Angst oder Frust besänftigen, andere Menschen glücklicher oder begeisterter machen, Interesse an Ihrer Sichtweise wecken, Beziehungen vertiefen, Konflikte schneller lösen und Ihnen dabei helfen, eine allgemein sympathischere Person zu werden.

Kapitel 2:
Das Einmaleins der Bestätigung

„Hinter dem Kommunikationsbedürfnis steckt ein Mitteilungsbedürfnis. Hinter dem Mitteilungsbedürfnis steckt das Bedürfnis, verstanden zu werden."

Leo Rosten

Wir Menschen sind gesellige Wesen. Wir sehnen uns nach Annahme, Anerkennung und dem Gefühl, dazuzugehören. Wenn wir uns freuen und Erfolg haben, wollen wir unsere Freude mit anderen teilen. Haben wir Schmerzen oder Sorgen, suchen wir nach Trost und Beistand. Wie auch immer man es dreht und wendet, wir sind auf Kontaktaufnahme ausgelegt. Wie John Gottman es in seinen Studien ausdrückte, äußern wir täglich Dutzende, wenn nicht Hunderte von Wünschen nach Kontaktaufnahme. Und meistens suchen wir dabei (bewusst oder unbewusst) nach Bestätigung.

Wie ich schon erwähnt habe, heißt Bestätigung (zumindest im Zusammenhang mit zwischenmenschlichen Fähigkeiten), die Rechtmäßigkeit oder Bedeutung der Emotionen eines Menschen zu erkennen und anzuerkennen. Im Grunde heißt Bestätigung, jemandem zu sagen: „Ich weiß, was du meinst. Ich verstehe, wie du dich fühlst, und es ist vollkommen in Ordnung, dass du dich so fühlst."

Wirksame Bestätigungen bestehen aus zwei Teilen:

1. Sie erkennen **ein bestimmtes Gefühl**.
2. Sie bieten **eine Begründung für dieses Gefühl**.

Nehmen wir zum Beispiel an, Sie würden mit einer Kollegin zu Mittag essen. Sie sind gerade mit dem Essen fertig und unterhalten sich noch ein paar Minuten, bevor Sie zurück ins Büro gehen. Sie haben bemerkt, dass sie etwas abgelenkt wirkt, ständig aufs Telefon schaut und nicht so bei der Sache ist, wie sonst. Aus Neugier fragen Sie, was los ist.

„Ach ... meine Tochter sollte mich eigentlich anrufen, wenn sie aus der Tanzstunde wieder da ist", sagt sie, „aber ich habe noch nichts von ihr gehört. Eigentlich sollte sie sich vor einer Stunde bei mir melden, deswegen mache ich mir etwas Sorgen."

Was würden Sie sagen? Würden Sie sie beruhigen? (z.B. „Ach, ihr wird schon nichts passiert sein. Du weißt, wie Teenager sind. Sie haben manchmal einfach die Angewohnheit, Dinge zu vergessen.") Oder würden Sie ihr gleich einen Rat geben? (z.B. „Dann solltest du bei einer von ihren Freundinnen anrufen!") Beide Antworten könnten zwar helfen, wären aber noch nützlicher, wenn Sie sich erst einen Moment Zeit nehmen, um ihr Bestätigung zu geben.

Um Ihrer Kollegin in dieser Situation Bestätigung zu geben, würden Sie sich mit Ihren Ratschlägen oder Beruhigungen zurückhalten und stattdessen etwas Ähnliches sagen wie: „Ich kann gut verstehen, dass du dir Sorgen machst, besonders wenn sie vor einer Stunde hätte anrufen sollen ..."

Achten Sie darauf, dass diese Antwort 1) ein bestimmtes Gefühl erkennt (Sorgen) und 2) eine Begründung für dieses Gefühl liefert (vor über einer Stunde hätte ihre Tochter anrufen sollen). Diese Antwort zeigt Ihrer Kollegin, dass Sie nicht nur verstehen, wie sie sich fühlt, sondern dass Sie auch verstehen, warum sie sich so fühlt. Es mag zwar konterintuitiv sein, aber wenn sie sich dafür entscheiden, Ihrer Kollegin erst Bestätigung zu geben, statt ihr Lösungen für das Problem anzubieten, werden sie eher damit am ehesten helfen.

Eine 2011 veröffentlichte Studie verdeutlicht diesen Punkt. Die Probanden wurden darum gebeten, eine Reihe schwieriger Mathematikaufgaben in kurzer Zeit zu lösen und wurden dann zu ihrem emotionalen Zustand befragt (z.B. gestresst, verwirrt, zuversichtlich usw.). Der Koordinator antwortete dann mit bestätigenden bzw. entwertenden Aussagen. Brachte der Proband z.B. Frust zum Ausdruck, antwortete der Forscher mit Kommentaren wie „Ach was, andere waren auch frustriert, aber nicht so sehr wie Sie" (entwertend) oder „Das kann ich Ihnen nicht verdenken, komplexe mathematische Probleme ohne Stift und Papier sind schon frustrierend!" (bestätigend).

Die Teilnehmer wurden dann gebeten, eine zweite Runde Arithmetik hinzulegen und wurden dann wieder zu ihren Gefühlen befragt. Ihre Gefühle wurden dann wieder bestätigt oder entwertet, und das Ganze wurde ein drittes und letztes Mal wiederholt. Die Forscher erfassten die Reaktionen der Probanden auf den Stress und die Rückmeldungen, indem sie Puls und Hautleitfähigkeit (EDA) maßen, die als gängige Maßstäbe für körperliche Reaktionen gelten. Nach Abschluss des Experiments wurden die Daten gesammelt, analysiert und es wurden Tendenzen, Korrelationen und Erkenntnisse aufgezeichnet.

Wenig überraschend zeigten die Probanden, die entwertende Kommentare erhielten, eine schrittweise Zunahme der EDA, anhaltende Stressreaktionen und einen schrittweisen Anstieg des Pulses. Sie gaben auch an, dass ihre negativen Gefühle mit jeder Runde zunahmen, auch wenn man ihnen sagte, sie sollten sich „keine Sorgen machen". Anders ausgedrückt machten sie sich Sorgen und hatten eigentlich keinen Spaß am Experiment.

Probanden, deren Emotionen *Bestätigung* fanden, zeigten wieder völlig andere Ergebnisse. Diese Probanden zeigten eine deutlich geringere Zunahme der EDA, berichteten von nur unerheblichen Veränderungen in negativen Gefühlen und zeigten tatsächlich einen abnehmenden Puls im Laufe des Experiments.[2] Das muss man sich auf der Zunge zergehen lassen: Der Puls derjenigen, die Bestätigung erhielten, blieb nicht nur stabil oder stieg langsamer an im Vergleich zu denjenigen, die abgewertet wurden - er sank sogar, obwohl sie weiterhin an schwierigen Problemen arbeiteten. Obwohl beide Gruppen den gleichen Stressfaktoren ausgesetzt waren, war es für diejenigen, die Bestätigung erfuhren, leichter, ihre Emotionen unter Kontrolle zu halten und Ruhe zu bewahren.

Oftmals wissen Personen, die wütend sind oder sich beschweren, bereits genau, wie sie mit ihrer aktuellen Situation umgehen sollten. Sie suchen jedoch lediglich nach jemandem, der ihre Probleme erkennt und anerkennt. Obwohl es auf den ersten Blick gegensätzlich erscheinen mag, ist Bestätigung oft der schnellste und einfachste Weg, um Menschen bei ihren Anliegen zu unterstützen und sie wieder in die richtige Richtung zu lenken.

Bestätigende Antworten

Es gibt natürlich unendlich viele Wege, Bestätigung zu geben. Solange Sie Ihrem Gegenüber zeigen, dass Sie seine Emotionen anerkennen und annehmen, geben Sie Bestätigung. Jeder der folgenden Kommentare kann im richtigen Kontext Bestätigung geben:
- „Wow, das fände ich aber auch verwirrend."
- „Hat der das echt gesagt? Da wäre ich aber auch wütend!"
- „Oh, das ist echt traurig."
- „Ich verstehe vollkommen, warum du dich so fühlst. Ich habe so etwas Ähnliches schon einmal erlebt, und es war echt hart."
- „Du kann mit Recht stolz sein; das war ein voller Erfolg!"
- „Ich freue mich so für dich! Du hast wirklich hart dafür gearbeitet. Das muss sich echt klasse anfühlen."

Beachten Sie wieder, wie sich diese Antworten auf eine bestimmte Emotion beziehen und diese begründen oder annehmen. Indem Sie beide Bestandteile der Bestätigung zeigen, vermitteln Sie Ihrem Gegenüber, dass Sie nicht nur zuhören, sondern auch verstehen.

Entwertende Antworten

Nun, da wir mit den Grundlagen der bestätigenden Antworten vertraut sind, wollen wir uns ihren häufig verwendeten Geschwistern zuwenden: den entwertenden Antworten. Obwohl entwertende Antworten oft gut gemeint sind, erweisen sie sich selten als hilfreich.

Die Gesellschaft bringt uns von Kindesbeinen an bei, dass es bestimmte Emotionen gibt, die man empfinden „sollte" bzw. „nicht sollte". Kommentare wie „Heul nicht", „Mach dir keine Sorgen", „Ärger dich nicht" oder auch „Freu dich doch", „Sei doch mal locker" oder „Amüsiere dich doch einfach" bestätigen diese Idee. Aus irgendeinem Grund sind bestimmte Emotionen unangenehm geworden und wir neigen dazu, sie als „schlecht" zu bewerten. Zu diesen Emotionen gehören meist Sorgen, Angst, Eifersucht, Stolz, Trauer, Schuld und Unsicherheit. Gleichzeitig wird uns vermittelt, dass wir vermehrt „gute" Emotionen empfinden sollten. Diese umfassen meist Glück, Vorfreude, Ruhe, Zuversicht und Dankbarkeit.

Das ist zwar oberflächlich alles schön und gut, fängt aber dann an, zum Problem zu werden, wenn wir uns dafür schämen, etwas „Schlechtes" zu empfinden. Wenn ich eigentlich nicht wütend sein sollte, es aber bin, dann bin ich vielleicht ein schlechter oder aggressiver Mensch. Wenn ich mir Sorgen über etwas mache, worüber ich mir keine Sorgen machen sollte, dann bin ich vielleicht irrational oder überempfindlich. Wenn ich vor etwas Angst habe, vor dem ich keine Angst haben sollte, dann bin ich vielleicht schwach oder feige. In unseren Köpfen sind wir mit einer Vielzahl solcher Schambotschaften konfrontiert, die entstehen, weil wir uns nicht so fühlen, wie wir „sollten".

Tatsache ist aber, dass keine Emotion per se gut oder schlecht ist. Emotionen sind einfach da. Sie sind schlicht Reaktionen auf eine Situation. Ganz gleich, ob wir es mögen oder nicht, empfinden wir täglich eine Vielzahl von Emotionen, ein Leben lang. Wie William Shakespeares Charakter Hamlet treffend sagte: „An sich ist nichts weder gut noch schlimm, das

Denken macht es erst dazu." Entscheidend ist, wie wir diese Emotionen interpretieren und wie wir uns entscheiden, mit ihnen umzugehen.

Wut zum Beispiel hat einen sehr schlechten Ruf. Viele Menschen bringt sie zwar zur Gewalt, aber manche nutzen sie auch für konstruktives Handeln. Viele der bedeutendsten positiven Veränderungen auf dieser Welt sind dadurch entstanden, dass jemand sich über eine Ungerechtigkeit wütend wurde und sich von dieser Wut dazu antrieb, etwas dagegen zu unternehmen.

Wie hängt nun dieses Verurteilen von Emotionen mit Bestätigung zusammen? Einfach ausgedrückt sabotiert es die Bestätigung vollkommen. Wenn wir anderen sagen, sie sollten etwas empfinden oder nicht empfinden, laufen wir Gefahr, die Situation zu verschlimmern. Denken Sie zurück an die Studie im vorherigen Kapitel: Als den Probanden gesagt wurde, sie sollten sich keine Sorgen machen (bzw. ihnen auf andere Weise klargemacht wurde, dass ihre Gefühle irrational seien), führte dies zu einer Steigerung ihres Stresses. Leider entwerten wir andere Menschen oft schnell. Für die meisten ist es fast wie ein Reflex. Wie oft haben Sie schon einem Freund oder Familienmitglied ähnliche Worte gesagt wie:

- „Du wirst es überleben."
- „Es könnte schlimmer sein!"
- „Wenigstens ist es ja nicht [bitte einfügen]."
- „Einfach lächeln und durchhalten."
- „Mach dir keine Sorgen; das wird sich schon richten."
- „Hör auf, dich zu beschweren. Du bist hier nicht der Einzige, dem das wehtut."
- „Das ist doch keine große Sache."

Wenn es Ihnen wie mir (oder den meisten Menschen) geht, werden Ihnen wahrscheinlich einige der folgenden Sätze nur allzu bekannt vorkommen. Sie könnten fragen: „Aber was, wenn es wirklich keinen Grund gibt, sich Sorgen zu machen?" Doch das ist irrelevant. Was zählt, ist, dass sich Ihr Gegenüber Sorgen macht und Sie das erkennen und zur Kenntnis nehmen sollten. Jeder Mensch, unabhängig von Alter, Geschlecht oder Intelligenz, wird sich von Zeit zu Zeit in einer ähnlichen Situation befinden, in der er sich gestresst oder besorgt fühlt, obwohl es keinen „Grund" dafür gibt. In solch einem Zustand hilft es nicht, einfach zu sagen: „Mach dir keine Sorgen." Vielmehr ist es hilfreich, Ihrem Gegenüber zu zeigen, dass Sie verstehen und anerkennen, was er empfindet. Dadurch wird Ihr Gegenüber entweder selbst auf eine Lösung kommen oder eher bereit sein, Ihre Vorschläge anzuhören.

Wissen, wann man Bestätigung gibt

Jeder mag zwar das Gefühl, Bestätigung zu bekommen, aber nur wenige können es beim Namen nennen. Sie können zwar spüren, wann sie es bekommen und wann nicht, wissen jedoch nur selten, wie man es nennt. Entsprechend selten kommt es vor, dass jemand direkt auf Sie zukommt und Ihnen sagt: „Ich könnte ein bisschen Bestätigung gebrauchen." Das wirft nun die Frage auf: Woher weiß man, wann man Bestätigung geben soll?

Bitten um Bestätigung sind wesentlich häufiger, als Sie denken. Meiner Erfahrung nach (zugegebenermaßen kein wissenschaftlicher Maßstab) bieten 80-90 Prozent aller Gespräche zumindest eine Gelegenheit, Bestätigung zu geben. Anders ausgedrückt erhofft sich jemand, der mit Ihnen redet, höchstwahrscheinlich Bestätigung von Ihnen. Das wiederum hat mit unserem menschlichen Grundbedürfnis nach Anerkennung und Annahme zu tun. Es ist etwas, wonach wir alle einen inneren Drang spüren, egal wie unabhängig, selbstbewusst oder eigenständig wir auch sein mögen.

Wenn Sie sich unsicher sind, ob Sie Bestätigung geben sollten, achten Sie einfach darauf, ob Ihr Gegenüber Ihnen etwas mitteilt. Es könnte ein Erlebnis, eine Emotion oder ein Anliegen sein. Wenn jemand Ihnen etwas mitteilt (z.B. „Du wirst nicht glauben, was mir auf der Arbeit passiert ist!", „Ich weiß einfach nicht, was ich mit Aaron machen soll.", „Diese Prüfung morgen wird mich noch umbringen!"), sucht er wahrscheinlich nach Bestätigung. Selbst wenn er Ihnen ein Problem erklärt und Sie um Rat bittet, wird er sich immer noch (bewusst oder unbewusst) zuerst etwas Bestätigung erhoffen.

Die restlichen 10-20 Prozent Ihrer Gespräche sind sachlicher Natur und kaum bis gar nicht emotional aufgeladen. Wenn Ihr Gegenüber Sie nach dem Weg fragt, Ihnen auf der Arbeit ein Projekt zuteilt oder Sie fragt, was zum Abendessen gibt, ist der Fall wahrscheinlich klar. Wenn Sie aber jemand nach dem Weg fragt und *Ihnen dann sagt, er habe Angst, sich zu verlaufen*, wird er wiederum nach Bestätigung suchen.

Beispiel #1: Frustrierte Ehefrau

Das folgende Beispiel stammt aus einem Gespräch zwischen einem Freund von mir und seiner Frau. Sie wandte sich an ihn aus Frust mit ihrer Schwester und bat ihn um Beistand.

Amy: „Herrgott, die Emily macht mich noch verrückt!"
David: „Was ist denn passiert?"
Amy: „Erinnerst du dich noch an diese Schwesternreise, die wir geplant haben? Sie ändert ständig die Pläne und hört überhaupt nicht zu. Es ist ihr völlig egal, was wir anderen unternehmen wollen."
David: „Hast du ihr denn gesagt, was du gerne unternehmen würdest?"
Amy: „Natürlich habe ich das. Wie alle anderen haben das auch getan! Aber irgendwie findet sie immer einen Grund, warum alles so laufen muss, wie sie es will. Ich bin es so leid."
David: „Dann solltest du ihr das sagen, dass du das Gefühl hast, dass sie dir nicht zuhört."
Amy: „Das habe ich ja versucht. Sie macht das immer so. Ich habe das Gefühl, als wäre ich verrückt, weil alle anderen immer klein beigeben und sie alles bestimmen lassen. Ich werde doch nicht so viel Geld ausgeben und mir eine Woche freinehmen, um den ganzen Tag ihrem strikten Zeitplan zu folgen!"
David: „Na, wenn du nicht mitwillst, fahr halt nicht mit."
Amy: „Ich will aber mitfahren! Ich will nur mitfahren und auch wirklich Spaß haben!"

David: „Dann rede doch mit deinen anderen Schwestern. Ich bin mir sicher, ihr werdet schon eine Lösung finden. Oder ich rede halt mit ihr."

Amy: „Nein, das kann ich schon selbst. Ich bin einfach nur frustriert."

David: „Und wenn ihr alle jeweils einen Tag plant?"

Amy: „Das ist nicht so einfach. Die Sehenswürdigkeiten, die wir uns ansehen wollen, sind zu weit voneinander weg."

David: „Und wenn ihr einfach eine Pauschalreise bucht?"

Amy: „Nein, wir wollen das schon alleine machen."

David (mittlerweile unsicher, was Amy von ihm erwartet): „Na ja, ihr solltet es euch nur langsam überlegen. Ist die Reise nicht schon in ein paar Wochen?"

Amy (nun frustriert und bereit, das Gespräch zu beenden): „Ja. Schon in Ordnung. Ich werde das schon regeln."

Warum sind Davids mehrfache Versuche, seiner Frau zu helfen, so gescheitert? Kurz gesagt hat er nicht erkannt, dass sie um Bestätigung statt um Rat gebeten hat. Amy bleibt frustriert, weil David versucht hat, das Problem ohne Umschweife zu lösen, statt erst ihren Frust zur Kenntnis zu nehmen. David fühlt sich am Ende auch verwirrt und undankbar behandelt, weil Amy sich noch mehr darüber aufgeregt hat – und sogar in Abwehrhaltung gegangen ist – als David versucht hat, ihr zu helfen.

Wie bereits erwähnt, wäre Davids beste Chance gewesen, seiner Frau zu helfen, indem er einfach bestätigt hätte, dass ihr Frust verständlich ist, und sich mit Ratschlägen zurückgehalten hätte, es sei denn, sie hätte ihn darum gebeten. Was die Situation jedoch besonders heikel macht, ist, dass Amy sich nicht einmal bewusst war, dass sie um Bestätigung bat. Alles, was sie wusste, war, dass sie umso mehr in Abwehrhaltung ging, je mehr ihr Ehemann versuchte, ihr Lösungen anzubieten und sie zu beruhigen.

Hier nun die Version des Gesprächs, wenn David Amy Bestätigung gegeben hätte, statt sofort zu versuchen, sie zu beruhigen:

Amy: „Herrgott, die Emily macht mich noch verrückt!"

David: „Was ist denn passiert?"

Amy: „Erinnerst du dich noch an diese Reise unter Schwestern, die wir vorhaben? Sie ändert ständig die Planung, hört überhaupt nicht zu und es ist ihr auch völlig egal, was wir anderen unternehmen wollen."

David: „Im Ernst? Was ist denn da los?"

Amy: „Ich weiß es nicht! Es macht mich ganz verrückt, Die Reise ist in ein paar Wochen und ich habe Angst, dass wir keine Reservierungen mehr kriegen."

David: „Ach, das ist echt frustrierend. Was wollt ihr denn da machen?"

Amy: „Ich weiß es nicht. Sie macht das immer so. Ich habe das Gefühl, ich wäre verrückt, weil alle anderen immer klein beigeben und sie alles bestimmen lassen. Ich werde doch nicht so viel Geld ausgeben und mir eine Woche freinehmen, um den ganzen Tag lang ihrem strikten Zeitplan folgen zu müssen!"

David: „Allerdings, ihr teilt euch ja schließlich die Kosten, oder? Da ist das doch genauso gut euer Urlaub wie ihrer."

Amy: „Allerdings. Ich werde schon einen Weg finden. Es ist einfach nur so frustrierend."

David: „Ja, das ist es allerdings. Vor allem, wenn ihr deswegen immer wieder aneinandergeraten."

Amy: „Das tun wir auch! Ich erwarte mittlerweile gar nichts anderes mehr von ihr. Schon seit wir klein waren."

David: „Das würde mich echt wahnsinnig machen."

Amy: „Ach, echt jetzt?"

David: „Entschuldigung."

Amy: „Schon in Ordnung. Ich glaube, ich werde mich wohl nochmal mit ihr darüber unterhalten. Wenn sie wirklich nicht beigibt ... Ich weiß nicht. Vielleicht mache ich dann einfach mein eigenes Ding, wenn wir da sind."

David: „Keine schlechte Idee. Hoffentlich wird sie das zum Nachdenken bringen."

Amy: „Hoffentlich."

[kurze Pause]

Amy: „Na ja, danke jedenfalls, dass du dir das angehört hast. Wie war's auf der Arbeit?"

Davids Antwort in diesem Beispiel wendet mehrere Prinzipien der Bestätigung an, die wir später in diesem Buch behandeln werden. Er hat erkannt, dass Amy nach Bestätigung statt nach Rat sucht, und genau das hat er ihr gegeben. Das Resultat ist eine einfachere, respektvollere und wertungsfreiere Unterstützung, die Amy hilft, ihren Frust auszudrücken, anstatt ihn zu ignorieren oder zu unterdrücken. Ihr Gespräch endet deutlich angenehmer und in größerer Verbundenheit, was zu einem positiveren Ergebnis führt.

Beispiel #2: Minderwertigkeitsgefühle

Nehmen wir an, Sie unterhalten sich mit einer Freundin, die seit langem unter Minderwertigkeitsgefühlen aufgrund ihres Aussehens leidet. Nach einem besonders anstrengenden Tag lässt sie sich auf Ihr Sofa fallen und seufzt: „Ich werde nie einen Partner finden."

Die instinktive Reaktion der meisten Menschen wäre nun, den Kommentar zu widerlegen, darauf zu bestehen, dass es nicht stimme und damit fortfahren, ihre Freundin mit viel Lob und gutem Zureden aufzubauen. Hätten Sie es genauso gemacht? Selbst, wenn es nicht ihre erste instinktive Reaktion gewesen wäre, haben Sie mittlerweile wahrscheinlich schon genug von diesem Buch gelesen, um zu ahnen, dass es einen besseren Weg gibt (womit Sie richtig liegen würden).

Nehmen wir an, Sie reagieren mit so etwas wie: „Das stimmt doch gar nicht! Du wirst auf jeden Fall einen finden." Das wäre keine schlechte Antwort. Schließlich könnten Sie möglicherweise befürchten, dass, wenn Sie nichts Ähnliches sagen, sie tatsächlich glaubt, ein hoffnungsloser Fall zu sein. Aber seien wir realistisch: Würde sie sich wirklich besser fühlen, wenn Sie sofort antworten würden, dass das gar nicht stimmt? Würde sie plötzlich einsichtig werden und sagen: „Oh, stimmt, danke!" und dann fröhlich weitergehen? Wohl kaum.

Eine solche Antwort würde ein bis zwei Sekunden lang den schlimmsten Schmerz lindern, aber wahrscheinlich keinerlei anhaltende Wirkung haben. Selbst wenn Sie, ihre Kollegen, ihre Familie und alle, mit denen sie sich unterhält, darauf bestehen würden, dass sie schön, lustig, klug usw. ist, würde es nichts daran ändern, dass sie sich trotzdem irgendwie unattraktiv fühlt. Es gibt zahllose Berichte von professionellen Models (Menschen, die sprichwörtlich dafür bezahlt werden, weil alle sie für attraktiv halten), die zugeben, sich hässlich und nicht liebenswert zu finden. In solchen Fällen gibt es etwas, das tiefer sitzt, einen Grund, warum sich jemand nicht so attraktiv fühlt, wie er ist. Wenn wir realistisch sein wollen, ist der einzige Weg, um Ihre Freundin dazu zu bringen, sich für liebenswert zu halten, das Ansprechen dieser Probleme und Gefühle.

Hier wird Bestätigung äußerst wertvoll. Wie wir zuvor besprochen haben, ist es sehr schwer, schwierige Probleme anzugehen, wenn man von starken Gefühlen überwältigt ist. Schmerzhafte oder schwere Emotionen werden immer stärker und machen einem immer mehr Angst, wenn sie bekämpft oder unterdrückt werden. Indem Sie jemandem Bestätigung geben, helfen Sie ihm, seine Gefühle als das anzusehen und anzunehmen, was sie sind: als Gefühle – weder gute noch schlechte. Das erleichtert es ihm erheblich, sie zu verarbeiten und sich von ihnen zu befreien.

Wie gibt man nun in einer solchen Situation Bestätigung? Wenn Sie nicht einfach den Kommentar Ihrer Freundin widerlegen und versuchen, sie aufzubauen, was sollten Sie dann tun? Gehen Sie der Situation auf den Grund. Stellen Sie Fragen, um zu verstehen, was sie empfindet und woher es kommt. Sie könnte sich verletzt fühlen, traurig, wütend sein, sich schämen oder mehrere andere Emotionen gleichzeitig empfinden. Später werden wir auf ein paar Tipps und Tricks eingehen, wie man den Ursachen von Emotionen auf den Grund geht.

Eine etwas bestätigendere Antwort könnte jedoch wie folgt aussehen:

Freundin: „Ich werde nie einen Partner finden."

Sie: „Was? Warum sagst du denn so etwas?"

Freundin: „Ich sehe einfach diese ganzen schönen Frauen überall, da kann ich doch überhaupt nicht mithalten."

Sie: „Es gibt tatsächlich viele schöne Frauen da draußen. Es ist natürlich schwer, sich nicht mit anderen zu vergleichen."
Freundin: „Stimmt. Das ist schon scheiße."
Sie: „Warum meinst du denn, du wärst nicht so schön?"
Freundin: „Jay hat mir letztens was gesagt, was mir echt wehgetan hat …"

Sie können an diesem Beispiel sehen, wie Bestätigung, kombiniert mit Nachfragen, dazu beitragen kann, den Gefühlen Ihres Gegenübers auf den Grund zu gehen. Indem Sie einfühlsam nachfragen, können Sie herausfinden, warum sich Ihre Freundin so minderwertig fühlt. Diese zusätzliche Erkenntnis ermöglicht es Ihnen, gezielte Bestätigung in den Bereichen zu geben, in denen sie am meisten benötigt wird. Dadurch sind Sie besser in der Lage, Rückmeldung, Ratschläge und Trost anzubieten.

Beispiel #3: Unerfüllter Kinderwunsch

In den frühen Ehejahren meiner Eltern war es ihr größter Wunsch, eine Familie zu gründen. Nichts wollten sie mehr als Eltern sein und eine liebevolle, glückliche Familie gründen. Und doch vergingen Wochen, Monate und bald Jahre ohne erfolgreiche Schwangerschaft, und es wurde deutlich, dass es wesentlich schwerer sein würde, eigene Kinder zu haben, als sie erwartet hatten. Trotz wiederholter Arztbesuche und mehrerer künstlicher Befruchtungen konnten sie keine Kinder bekommen, und die Angst, niemals eigene Kinder zu haben, wurde immer bedrückender und beängstigender. Der Muttertag war für meine Mutter besonders schwer, da er sie Jahr für Jahr daran erinnerte, dass sie das, was sie sich am meisten wünschte – Mutter zu sein – nicht hatte und vielleicht niemals haben würde.

Als meine Eltern Beistand bei Freunden und Familienmitgliedern suchten, erhielten sie oft ähnliche Antworten wie diese:
- „Irgendwann klappt es schon, da bin ich mir sicher!"
- „Ich würde mir da nicht so große Sorgen machen. Irgendwann wird es schon so laufen, wie es soll."

- (Und mein persönlicher Lieblingsspruch): „Du kannst keine Kinder kriegen? Mein Mann braucht mich bloß anzugucken und ich bin schwanger!"

Die Menschen, die diese Äußerungen machten, hatten zwar vielleicht nicht die Absicht, verletzend oder verharmlosend zu wirken, aber sie zeigten mit ihren Antworten eine mangelnde Empathie und verharmlosten den Schmerz und die Angst, vor der meine Eltern standen. Es brauchte nicht lange, bis meine Eltern aufhörten, sich diesen Menschen anzuvertrauen und wandten sich stattdessen an Menschen, die einfühlsamer und bestätigender waren.

In dieser Situation wäre eine bestätigendere Antwort eine der folgenden gewesen:

- „Das tut mir so leid. Ich kann mir nicht mal vorstellen, wie schwer das sein muss."
- „Weißt du was? In einer solchen Situation war ich persönlich noch nicht, aber ich kann mir vorstellen, wie schwer das sein muss. Rick und ich haben selbst fünf Jahre lang versucht, Kinder zu bekommen, und ich erinnere mich noch gut daran, wie schmerzhaft und belastend diese Zeit war. Es ist wirklich eine große Herausforderung, mit der ihr gerade konfrontiert seid."
- „Oh, das ist echt hart. Das tut mir leid. Wie fühlst du dich da?"

Bestätigende vs. entwertende Antworten

Bevor wir dieses Kapitel abschließen, wollen wir unser Verständnis damit abrunden, dass wir uns kurz ein paar Gegenüberstellungen von bestätigenden und entwertenden Antworten anschauen. Jedes Beispiel besteht aus einer Äußerung und zwei möglichen Antworten, einer bestätigenden und einer entwertenden. Sie sind jeweils kurz, klar und bündig. Wenn Sie sich aber noch ein paar Punkte dazuverdienen wollen, nehmen Sie sich einen Augenblick, um sich weitere bestätigende Antworten für jede Situation zu überlegen.

Äußerung: „Ich mache mir Sorgen wegen der Prüfung morgen ..."

Entwertende Antwort	Bestätigende Antwort
„Das brauchst du nicht! Du schaffst das schon. Da bin ich mir sicher."	„Das kann ich dir nicht verübeln! Der Kurs ist schon echt hart!"

Äußerung: „Diese Erkältung nervt! Ich kann nicht schlafen, kann kaum atmen, und diese Halsschmerzen bringen mich noch um."

Entwertende Antwort	Bestätigende Antwort
„Das ist echt schade, aber du wirst es schon überleben. Es könnte ja schlimmer sein. Mein Nachbar hatte letztes Jahr die Grippe und war fast einen Monat lang bettlägerig!"	„Oh, das hört sich wirklich unangenehm an. Es kann sehr frustrierend sein, wenn man krank ist und Schlafprobleme hat. Ich kann Halsschmerzen nicht *ausstehen*."

Äußerung: „Ich will nicht mehr zur Schule gehen. Nach der Talentshow gestern Abend war es mir so peinlich, dass ich dort nie wieder auftauchen möchte!"

Entwertende Antwort	Bestätigende Antwort
„Du brauchst dich nicht zu schämen. Du hast einen tollen Job gemacht!"	„Es tut mir leid, Schatz. Es ist schwer da oben vor der ganzen Schule zu stehen, besonders wenn man auftritt. Gibt es etwas Bestimmtes, worüber du dir Sorgen machst?"

Ziemlich selbsterklärend, oder?

Glückwunsch! Sie haben nun das kleine Einmaleins des Bestätigens hinter sich. Nun haben Sie ein solides Verständnis der Grundlagen und sind bereit, etwas tiefer und praktischer ins Thema einzutauchen. Kapitel 3 und 4 werden mit gängigen Missverständnissen aufräumen, unterstützt durch interessante Studien und persönliche Erfahrungen. Sie werden Ihnen einen Schnellkurs in Empathie bieten, um Sie auf die Prinzipien in Teil II vorzubereiten.

Kapitel 2: Zusammenfassung

Bestätigung besteht aus zwei Hauptelementen: 1) das Anerkennen eines bestimmten Gefühls und 2) das Bieten einer Begründung für dieses Gefühl.

Bestätigung ist wertungsfrei. Sie ermöglicht es der anderen Person, das zu fühlen, was sie fühlt, ohne es als „gut" oder „schlecht" zu bewerten.

Entwertung, sei es durch Verharmlosung oder Herabsetzung der Gefühle des Gegenübers, ist kontraproduktiv. Untersuchungen haben gezeigt, dass entwertende Antworten eine schwierige Situation weiter verschlimmern können, selbst wenn sie mit den besten Absichten gegeben werden.

Bestätigung bieten – bevor oder statt Rat oder Trost zu bieten – ist oft die beste Hilfe. Es hilft anderen, schwierige Emotionen schneller loszulassen und ermöglicht ihnen oft, selbst eine Lösung für ihr Problem zu finden. Indem Sie mit einer Bestätigung beginnen, erhöhen Sie auch die Wahrscheinlichkeit, dass andere auf Ihren Rat hören und ihn annehmen werden.

Kapitel 3:
Gängige Missverständnisse

> *„Verbundenheit ist die Energie, die zwischen Menschen entsteht, wenn sie sich gesehen, gehört und wertgeschätzt fühlen."*
>
> Brené Brown

Das Grundkonzept der Bestätigung ist zwar recht einfach, aber ich stelle oft fest, dass es aufgrund einiger gängiger Missverständnisse zu wenig oder falsch eingesetzt wird. Daher möchte ich an dieser Stelle diese Missverständnisse ausräumen.

Missverständnis #1: Bestätigung hilft nur bei negativen Emotionen

Wir haben bis jetzt sehr viel von negativen Emotionen gesprochen. Bestätigung hilft aber genauso gut dabei, positive Emotionen zu stärken. Tatsächlich haben Studien gezeigt, dass die Fähigkeit, die positiven Erlebnisse anderer zu bestätigen, die Verbundenheit und Zufriedenheit in einer Beziehung erheblich stärken kann.

In einer 2004 durchgeführten Studie fanden Forscher heraus, dass in Liebesbeziehungen mehr Hingabe, Zufriedenheit, Vertrauen und Vertrautheit herrschen und es zu weniger Alltagskonflikten kommt, wenn Partner die schönen Erlebnisse ihres Gegenübers bestätigen.[3] Das ist keine große Überraschung, oder? Das würde man erwarten.

Was die Forscher jedoch überraschte, war, dass passivkonstruktive Antworten (z.B. „Nett. Rat mal, was mir heute passiert ist!") die gleiche Korrelation mit einem negativen Beziehungsklima hatten wie aktiv *destruktive* Antworten (z.B. „Du bist befördert worden? Dann ist wohl nichts mehr mit Schlafen!"). Mit anderen Worten: Wenn Sie auf die Begeisterung Ihres Gegenübers mit erkennbarem Desinteresse antworten, auch wenn Ihr Kommentar positiv ist, kann das genauso schädlich sein wie ein negativer und entmutigender Kommentar.

Nehmen wir an, eine Frau und ihr Mann entspannen sich nach Feierabend im Garten. Die Frau schaut ihre E-Mails nach, wendet sich plötzlich zu ihrem Mann und sagt: „Ich habe gerade eine so liebe E-Mail von meinem Chef gekriegt!" Ihr Mann sagt, ohne überhaupt von seinem Smartphone wegzuschauen (in freundlichem, aber deutlich teilnahmslosem Ton): „Das ist schön, Schatz", und liest weiter. Die Frau, die weiß, dass ihr Mann nicht wirklich auf sie achtet, wendet sich wieder ihrem Computer zu und geht weiter ihre Nachrichten durch. Wie wertgeschätzt wird sie sich wohl von ihrem Mann fühlen? Sie haben wahrscheinlich schon ähnliche Situationen erlebt, und es ist nicht schwer zu erkennen, wie es Beziehungen schaden kann, wenn positive Emotionen keine Bestätigung bekommen.

Überlegen wir uns nun, wie die Situation hätte ablaufen können, wenn der Ehemann den Wunsch seiner Frau erkannt hätte, Kontakt aufzunehmen und ihre Begeisterung bestätigt hätte:

„Ich habe gerade eine so liebe E-Mail von meinem Chef bekommen!", sagt die Frau.

„Echt?", antwortet der Mann und schaut von seinem Telefon auf.

„Ja, hör dir das mal an: ‚Jane, ich wollte Ihnen nur mitteilen, dass ich immer noch beeindruckt bin, wie gut Sie die vielen Projekte meistern, für die Sie zuständig sind. Sie sind eine entscheidende Akteurin im Team und ich weiß nicht, wie ich diese Kunden letzte Woche ohne Sie an Land gezogen hätte. Gute Arbeit. Machen Sie weiter so'."

„Das ist ja fantastisch!", antwortet der Ehemann.

„Allerdings", antwortet seine Frau strahlend. „Ich glaube nicht, dass ich bis jetzt jemals ein Kompliment von ihm bekommen habe."

„Das muss sich echt toll anfühlen. Da musst du wohl irgendwas richtig machen!"

Das Paar plaudert noch ein paar Sekunden weiter, bis beide sich wieder ihren Geräten zuwenden. Es läuft zwar nur auf einen kurzen Wortwechsel hinaus, aber auch kleine Dinge läppern sich.

Gelegenheiten, um positive Erlebnisse zu bestätigen, gibt es überall. Wenn wir aber nicht auf sie achten, können sie uns leicht entgehen. Die meisten Menschen erkennen zwar Chancen, um einem Freund oder Familienmitglied in Not zu helfen, halten es jedoch nicht für genauso wichtig, auf deren Begeisterung oder Glück zu achten.

Vor Kurzem wurde ich eindrücklich daran erinnert. Ich hielt auf dem Weg von der Arbeit nach Hause in einem Schnellrestaurant an und während ich auf mein Abendessen wartete, bemerkte ich einen kleinen Jungen und seinen Vater, die am Tisch gegenüber saßen. Der Junge spielte mit einem 3D-Puzzle, das zur Juniortüte gehörte, und sein Vater saß ihm gegenüber und starrte auf sein Smartphone. Diese Szene war an sich schon traurig (innerlich flehte ich den Vater an, sein Telefon beiseitezulegen), aber als der kleine Junge mit seinem Puzzle fertig war, wurde die Situation noch schlimmer. Als der Junge das letzte Teil eingesetzt hatte, strahlten seine Augen vor Freude. Ein breites Grinsen zog sich über sein Gesicht, und voller Stolz und Begeisterung hielt er das Puzzle hoch, um es seinem Vater zu zeigen. Mein Herz sank, als ich den Vater mit einem teilnahmslosen „Das ist ja cool!" antworten hörte, ohne auch nur einen Blick vom Smartphone zu erheben. Mein Blick wanderte zurück zum kleinen Jungen. Er schaute seinen Vater noch einen weiteren Augenblick lang an, offensichtlich in der Hoffnung, von ihm irgendeine Anerkennung oder positive Bestätigung zu bekommen, und wandte sich dann wieder seinem Spielzeug zu und spielte weiter.

Es fiel mir schwer, das mitanzusehen – nicht nur, weil dieser junge Vater eine Gelegenheit verpasste, seinem Sohn Bestätigung zu geben und Verbundenheit mit ihm zu zeigen, sondern auch, weil ich weiß, dass ich mich oft ähnlich verhalten habe. Der Junge beschwerte sich nicht und sagte auch kein Wort, aber seine stumme „Bitte" um Aufmerksamkeit blieb unbeantwortet. Wenn der Vater sein Telefon beiseitegelegt hätte, sich das Puzzle des Jungen angeschaut und etwas gesagt hätte wie: „Wow, gut gemacht! Solche Puzzles sind wirklich nicht einfach!", hätte er eine völlig andere Botschaft vermittelt. Und es hätte ihn nur wenige Augenblicke seiner Zeit gekostet.

Positive Erlebnisse zu bestätigen ist nicht nur möglich, sondern auch entscheidend, um gesunde und glückliche Beziehungen aufzubauen. Es kann einen erheblichen Unterschied in Ihren Beziehungen zu anderen Menschen machen, wenn Sie lernen, diese Gelegenheiten zu erkennen und sie zu nutzen.

Missverständnis #2: Man kann keine Bestätigung geben, wenn man nicht zustimmt

Wenn Sie jemandem Bestätigung geben, sagen Sie im Grunde genommen: „Ich verstehe, warum du dich so fühlst." Es sei hier betont, dass das nicht das Gleiche ist, als würde man sagen „Du hast Recht" oder „Ich bin mit dir einer Meinung". Sie können jedes Gefühl in jeder Situation bestätigen, sofern Sie den Standpunkt des Gegenübers verstehen. Auch wenn es zunächst nicht so wirkt, sind die meisten Reaktionen von anderen Menschen (auch die scheinbar noch so irrationalen) durchaus logisch, wenn man wirklich versteht, welche Beweggründe sie haben. Sie müssen teilweise deren Hintergrundgeschichte, Ängste und Hoffnungen mitbedenken, und dass Sie vielleicht nicht alle Details kennen usw. Meistens werden Sie aber feststellen, dass ihre Reaktion im Anbetracht der Situation eigentlich nachvollziehbar ist.

Vor Jahren kam einmal ein Mitarbeiter in mein Büro und bat mich um ein Gespräch. Er setzte sich und äußerte seine Bedenken, dass ein anderer Mitarbeiter, den ich mit einigen ziemlich unwichtigen Aufgaben betraut hatte, möglicherweise unterqualifiziert sei und Leistung bringe, die nicht zu unserer Marke passe.

Ich hörte aufmerksam zu, als dieser Mitarbeiter seine Bedenken äußerte. Einen Augenblick später versuchte ich, ihn zu unterbrechen und ihm zu versichern, dass ich mich darum kümmern werde. Doch meine Beteuerung schien in einem Ohr hineinzugehen und aus dem anderen wieder herauszukommen, und er äußerte dann Bedenken über meine eigene kreative Erfahrung und Kompetenz.

Ein Gefühl gekränkten Stolzes begann sich in mir breit zu machen, während ich versuchte, Ruhe zu bewahren und mich nicht zu rechtfertigen. Trotz aller Mühe dauerte es nicht lang, bis ich ihm meine Bildungsabschlüsse und Erfahrung auflistete, in einem vergeblichen Versuch, ihn davon zu überzeugen, dass ich tatsächlich doch wusste, was ich tat.

Nach ein paar Versuchen, ihn so zu beruhigen (und gleichzeitig meinen Stolz zu verteidigen) merkte ich, dass es nicht funktionierte. Er wiederholte immer wieder seine ursprünglichen Argumente und äußerte noch weitere Bedenken. Wir drehten uns im Kreis, und er hörte mir offensichtlich nicht zu.

Dann trat ich einen Schritt zurück und merkte, dass ich die Sache falsch angegangen war. Ich hatte überstürzt versucht, das Problem zu lösen, anstatt seine Bedenken anzuerkennen und zu bestätigen. Er konnte mich nicht verstehen, weil ich ihn nicht verstand. Ich hielt einen Moment inne, hörte genauer hin, was er sagte, und versuchte nachzuvollziehen, was er fühlte. Dabei wurde mir klar, dass er aufgrund der begrenzten Informationen, die er hatte, durchaus Grund zur Besorgnis hatte.

Ich hielt einen Moment inne und sagte dann: „Wissen Sie, Jace? Ich kann sehr gut nachvollziehen, warum Sie besorgt sind. Ohne alle Besprechungen und Projektdetails zu kennen, sehen Sie nur, wie dieser Mitarbeiter plötzlich an Projekten arbeitet, für die er nicht unbedingt qualifiziert ist. Ich stimme Ihnen vollkommen zu. Sie müssen sich natürlich Gedanken machen, wer diese Projekte vorantreibt und ob Sie ein Mitspracherecht in der kreativen Leitung haben. An Ihrer Stelle wäre ich ebenfalls besorgt."

„Genau", sagte er mit deutlich hörbarer Erleichterung. „Genau das meine ich. Ich mache mir einfach Sorgen, dass er nicht die nötige Erfahrung und Fähigkeit für solche Projekte hat."

„Aha!", dachte ich mir, „das ist ja mal ein Fortschritt!" Als ich erkannt hatte, dass ein einziger bestätigender Kommentar uns endlich aus dem endlosen Teufelskreis herausgeholt hatte, fuhr ich fort:

„Ich verstehe Ihre Bedenken vollkommen, und ich weiß es sehr zu schätzen, dass Sie für die Firma so wachsam sind. Ich weiß es auch zu schätzen, dass Sie mich darauf ansprechen, denn ich weiß, dass solche Gespräche nicht einfach sind."

„Ja, allerdings, Michael", sagte er mit einem noch lauteren Seufzer der Erleichterung. „Ich glaube, Sie haben keine Ahnung, wie schwer es mir fällt, jetzt gerade dieses Gespräch mit Ihnen zu führen."

An dieser Stelle hatte die Spannung im Gespräch deutlich nachgelassen, und Jace, der sich nun angehört und verstanden fühlte, war schließlich offen für meinen Standpunkt. Ich erklärte ihm, dass ich auch das Gefühl hatte, dieser Mensch sei nicht optimal für diesen Posten geeignet, aber qualifiziert genug für diese konkreten Projekte. Ich versicherte Jace, ich würde eng mit diesem Menschen zusammenarbeiten, um eine hochwertige Arbeit sicherzustellen und dass ich Jace bei einigen wichtigen Aufgaben helfen wolle.

„Danke sehr, Michael", sagte er. „Das ist es, was ich hören wollte. Ich habe jetzt ein besseres Gefühl bei der Sache." Er ging aus dem Büro und fuhr mit seiner Arbeit fort.

Beachten Sie, wie ich (durch ein gewisses Ausprobieren meinerseits) in der Lage war, Jaces Bedenken zu bestätigen, ohne jemals zu sagen: „Sie haben Recht. Er sollte nicht daran arbeiten." Indem ich innehielt, um seine Bedenken zu verstehen und anzuerkennen, konnte ich verhindern, dass unser Gespräch sich endlos hinzog, ohne dabei viel oder überhaupt etwas zu erreichen.

Wenn jemand verstört, wütend oder besorgt ist, ist Bestätigung Ihre beste Chance, ihn für Rückmeldungen empfänglich zu machen. Das Gute daran ist, dass Sie jemandem auch dann Bestätigung geben können, wenn Sie nicht mit ihm einer Meinung sind. Das Erlernen dieser Fähigkeit stellt Ihnen ein wertvolles Werkzeug für Konfrontationen, Verhandlungen, Meinungsverschiedenheiten und Ähnliches zur Verfügung.

Missverständnis #3: Bestätigung heißt einfach wiederholen, was das Gegenüber sagt

Vor Jahren lernte ich eine Technik namens reflektives Zuhören. Reflektives Zuhören bedeutet im Grunde genommen, in eigenen Worten wiederzugeben, was Ihr Gegenüber gerade gesagt hat. Der Gedanke dabei ist, dass Sie 1) überprüfen, ob Sie Ihr Gegenüber richtig verstanden haben und 2) signalisieren, dass Sie aktiv zuhören. Es kann zwar eine nützliche Fertigkeit sein, aber ich habe festgestellt, dass sie oft missverstanden und schlecht umgesetzt wird. Wenn man nicht taktvoll dabei vorgeht, kann einfaches Wiedergeben dessen, was jemand gesagt hat, mechanisch und unnatürlich wirken.

Angenommen, eine Freundin erzählt Ihnen, sie sei wütend, weil ihr Chef sie beleidigt hat. Eine Antwort mit reflektivem Zuhören könnte so lauten: „Du fühlst dich wütend, weil er dich beleidigt hat." Das wäre sachlich richtig (soweit Sie das wissen), wertungsfrei und würde Ihrer Freundin zeigen, dass Sie aufmerksam sind. Reflektives Zuhören konzentriert sich dabei auf die Worte, die Ihr Gegenüber gerade gesagt hat.

Bestätigung wiederum konzentriert sich auf die *Emotion*, die Ihr Gegenüber zum Ausdruck gebracht hat. Wie bereits im ersten Kapitel festgestellt wurde, stellen die meisten Menschen nicht in Frage, ob wir ihre Worte verstanden haben. Vielmehr möchten sie wissen, ob wir ihre Gefühle und Empfindungen nachvollziehen können. Für das obengenannte Beispiel wäre eine bestätigendere Antwort: „Wow! Wenn ich das schon höre, macht mich das wütend!" Der entscheidende Unterschied besteht darin, dass Sie nicht nur das Erlebnis Ihrer Freundin von außen betrachten, sondern es aus ihrer *Perspektive* betrachten und versuchen zu verstehen, was sie empfindet.

Vor mehreren Jahren meldete ich mich bei einem Kurs für zwischenmenschliche Kommunikation an, wo die Teilnehmer dazu ermutigt wurden, auch außerhalb des Unterrichts Kontakt zu halten. Einige Stunden waren dem Thema Empathie und Bestätigung gewidmet, und wir wurden ermutigt, unsere eigenen Erfahrungen auszutauschen, die wir im Alltag mit der Anwendung dieser Prinzipien gemacht haben.

Ein Kursteilnehmer verwechselte jedoch Bestätigung mit reflektivem Zuhören, und wenn er versuchte, Bestätigung zu geben, fühlte es sich mechanisch und unpersönlich an. Wenn ich ihn anrief und um Unterstützung oder seine Meinung bat, verliefen unsere Gespräche ungefähr wie folgt:

Ich: „Grüß dich, Tyler. Ich bin gerade echt frustriert. Hast du mal eine Sekunde Zeit?"

Tyler: „Klar. Was ist denn los?"

Ich: „Ich habe gerade acht Stunden an einem Projekt gesessen, nur um dann zu erfahren, dass die Anforderungen verändert wurden und ich jetzt nochmal von vorne anfangen darf. Ich fühle mich gerade dermaßen gestresst und frustriert, und ich brauche einfach mal jemanden zum Dampf ablassen."

Tyler: „Hmm, nur dass ich dich richtig verstehe: du fühlst dich gerade frustriert. Du hast acht Stunden an einem Projekt gearbeitet und dann rausgefunden, dass du nochmal von vorn anfangen musst? Ich höre auch, dass du gestresst bist und jemanden anrufen willst, um Dampf abzulassen. Richtig?"

(Ich übertreibe hier nicht. Er redete wirklich so.)

Prinzipiell ist an diesem Ansatz nichts falsch (zumindest wusste ich damit ja, dass er zuhört!), aber es fühlte sich nicht aufrichtig an. Ehrlich gesagt war es mir etwas unangenehm.

Ich saß da und dachte mir: „Das ist ja, als würde ein Servicemitarbeiter ein Skript vorlesen!"

Trotz bester Absichten wiederholte dieser Kerl einfach nur das, was ich ihm sagte, ohne auf meine Gefühle einzugehen. Es half mir nicht, dass er meine Worte fast wortwörtlich wiederholte, was Experten des reflektiven Zuhörens davon abraten. Es ist nicht überraschend, dass ich eine fehlende Empathie spürte und unser Gespräch oberflächlich blieb. Eine bestätigendere Antwort, wie ich sie erhofft hätte, hätte etwa folgendermaßen aussehen können:

„Wow, du hast acht Stunden daran gesessen? Was ist denn passiert?" [...Gespräch...] „Gott, das tut mir echt leid, das ist ja echt frustrierend."

Wirksame Bestätigung erfordert Empathie und emotionales Nachempfinden und geht deswegen weit über reflektives Zuhören hinaus. Wir müssen mehr tun, als nur zu zeigen, dass wir die Worte hören, die unser Gegenüber uns sagt. Wir müssen auch zeigen, dass wir die Emotionen nachempfinden können, die unser Gegenüber empfindet.

Kapitel 3: Zusammenfassung

Sie können jeder Emotion Bestätigung geben – ob positiv oder negativ. Es wurde gezeigt, dass die Bestätigung schwieriger Emotionen zu stärkeren, gesünderen und erfüllenderen Beziehungen führen kann. Darüber hinaus haben Studien gezeigt, dass es genauso nützlich sein kann, positive Emotionen zu bestätigen und die Freude, den Stolz und das Glück anderer Menschen nachzuempfinden.

Sie können jedem und jeder Bestätigung geben, auch wenn Sie nicht einer Meinung sind. Wenn Sie jemandem Bestätigung geben, drücken Sie im Wesentlichen aus: „Ich verstehe, warum du dich so fühlst." Dies ist etwas ganz anderes als zu sagen: „Du hast Recht" oder „Ich stimme dir zu." Der entscheidende Punkt hier ist, dass Sie, wenn Sie sich in der

Position Ihres Gesprächspartners befänden und nur über seine Informationen, Hintergrund und Wahrnehmung verfügten, höchstwahrscheinlich genauso fühlen würden.

Bestätigung ist mehr als nur wiederzugeben, was Ihr Gegenüber sagt. Das bloße Wiederholen der Worte Ihres Gegenübers, ohne die damit verbundene Emotion verstehen zu wollen, kann unaufrichtig und teilnahmslos wirken. Das Wiedergeben dessen, was Sie gehört haben, kann zwar nützlich sein, die Bestätigung hingegen zeigt, dass Sie auch die Emotionen Ihres Gegenübers und das Warum dahinter verstehen.

Kapitel 4:
Aller Anfang ist Empathie

> *„Könnte uns je ein größeres Wunder geschehen, als einen Augenblick lang mit den Augen des Anderen zu sehen?"*
>
> Henry David Thoreau

Bevor wir in die Vier-Schritte-Methode der Bestätigung eintauchen, ist es wichtig, sicher zu sein, ob wir ein richtiges Grundverständnis von Empathie haben – der Grundlage jeder echten Verbundenheit. Empathie ist die Fähigkeit, die Gefühle anderer Menschen zu verstehen und nachzuempfinden. Wenn wir empathisch sind, versetzen wir uns in die Lage einer anderen Person und fühlen mit ihr mit. Wir bemühen uns, die Ursprünge ihrer Gefühle zu verstehen und uns vorzustellen, was in ihr vorgeht.

Empathie ist nicht Sympathie

Sympathie ist das Gefühl, dass uns jemand wichtig ist, oft begleitet vom Wunsch, dass es ihm besser geht oder er glücklicher ist. Sympathie bedeutet, außerhalb einer Situation zu stehen und hineinzusehen (z.B. „Es tut mir leid, dass du traurig bist"). Empathie bedeutet, sich in die Situation hineinzuversetzen und die Emotion nachzuempfinden (z.B. „Wow, das ist echt traurig").

Wenn wir Sympathie empfinden, fühlen wir etwas für jemanden, weil ihm etwas wehtut. Wenn wir Empathie empfinden, teilen wir den Schmerz mit. Hier sind ein paar Beispiele:

Sympathie	Empathie
„Es tut mir leid, dass du dich nicht gut fühlst."	„Ah, eine Grippe ist echt kein Spaß."

Sympathie	Empathie
„Es tut mir leid, dass dich das frustriert. Ich hoffe, du wirst einen Weg finden."	„Ah, das ist echt frustrierend!"

In einer Rede auf einer Konferenz im Jahr 2013 gab die Autorin und Professorin Brené Brown ein Beispiel, das den Unterschied zwischen Sympathie und Empathie weiter verdeutlicht.

Stellen Sie sich einen Moment lang vor, jemand wäre in ein dunkles Loch gefallen. Er schaut hinauf und sagt: „Ich stecke fest. Es ist dunkel. Ich weiß nicht, was ich machen soll."

Brown meint, eine von Sympathie geprägte Reaktion wäre, in das Loch hinunterzuschauen und zu sagen: „Das ist aber Pech. Das tut mir echt leid, dass du da unten steckst. Magst du ein Sandwich?"

Eine empathische Reaktion wäre es wiederum, mit ihm ins Loch zu steigen und zu sagen: „Ich weiß, wie es da unten ist. Es ist hart. Und du bist nicht allein."[4]

Wirksame Bestätigung können Sie erst dann geben, wenn Sie sich in andere Menschen hineinversetzt haben und zumindest in gewissem Maße verstehen können, was sie empfinden.

Tipps, um Empathie aufzubauen

Fällt es Ihnen schwer, sich in andere Menschen hineinzuversetzen? Es gibt zwar keine todsichere, für alle passende Lösung, um Empathie zu entwickeln, aber vielleicht können die folgenden Tipps dabei helfen.

Empathie-Tipp #1: Nachfragen

Stellen Sie sich folgende Fragen:
• „Welchen Hintergrund hat Ihr Gegenüber? Könnte etwas in seiner Vergangenheit seine jetzige Reaktion beeinflussen?"
• „Was, wenn mir jemand so etwas angetan hätte? Was würde ich dann empfinden?"
• „Wenn ich noch nie etwas Ähnliches erlebt habe, habe ich zumindest schon einmal etwas Ähnliches empfunden?"
• „Was, wenn es mein [Kind/Vater/Job/Hund usw.] wäre?"
Wenn Sie sich solche Fragen stellen, enthüllt Ihnen das ein oder zwei Dinge über die Lage ihres Gegenübers, die Sie innerlich berühren.

Empathie-Tipp #2: Anschauen

Halten Sie einen Moment lang inne, lassen Sie alle Gedanken los, die Ihnen durch den Kopf gehen, und nehmen Sie sich einen Augenblick Zeit, um Ihr Gegenüber wirklich auf einer tieferen Ebene zu sehen. Stellen Sie Augenkontakt her und erkennen Sie, dass Ihr Gegenüber ein Mensch mit Ängsten, Hoffnungen, Unsicherheiten, Schmerz und Freude ist. Nehmen Sie wahr, dass sein Leben möglicherweise härter ist, als Sie glauben.

Dies kann ein äußerst beeindruckendes Erlebnis sein, wenn Sie es aufrichtig meinen. Wenn Sie sich die Zeit nehmen, zu erkennen, dass Ihr Gegenüber möglicherweise verletzt ist oder sich auf etwas Bestimmtes besonders freut oder Hoffnungen hat, wird Ihnen dies helfen, Ihre eigene Perspektive zu verlassen.

Empathie-Tipp #3: Sich Ihr Gegenüber als Kind vorstellen

Es mag vielleicht ungewöhnlich klingen, aber sich Ihr Gegenüber als junges, verwundbares Kind vorzustellen, kann es oft einfacher machen, seine Emotionen nachzuvollziehen. Wenn es Ihnen schwerfällt, sich in einer peinlichen Situation in Ihr Gegenüber hineinzuversetzen und möglicherweise den Gedanken haben, er solle sich einfach „zusammenreißen", dann stellen Sie sich vor, wie Sie sich fühlen würden, wenn Sie ein vierjähriges Kind sehen würden, dem Angst, Scham und Verlegenheit ins Gesicht geschrieben stehen. Ich habe selbst den Fehler gemacht, einem Freund, der wirklich Angst hatte, zu sagen, er solle „ein Mann sein", obwohl ich einem Vierjährigen niemals so etwas sagen würde.

Sich Ihr Gegenüber als jünger und verletzlicher vorzustellen, ist ein guter Weg, um die Empathie freier fließen zu lassen.

Empathie-Tipp #4: Lernen, eigene Emotionen zu erkennen

Es ist unmöglich, Empathie für jemand anderen zu empfinden, wenn Sie selbst nicht wissen, was Sie empfinden. Es kann jedoch herausfordernd sein, genau zu erkennen, was andere Menschen empfinden. Die gute Nachricht ist, dass Sie Ihre Fähigkeit verbessern können, die Emotionen anderer Menschen wahrzunehmen, indem Sie sich daran gewöhnen, Ihre eigenen Emotionen zu erkennen. Es mag einfach klingen, aber Sie werden überrascht sein. Wie fühlen Sie sich zum Beispiel gerade? Wenn Sie wie die meisten Menschen sind, werden Sie wahrscheinlich sagen: „Gut".

„Gut" ist aber keine Emotion. Es geht darum, Ihre derzeitige Emotion einzuordnen.

„Na schön", werden Sie sagen, „ich fühle mich prächtig."
Nein. Immer noch keine Emotion.
„Richtig. Ich fühle mich glücklich."
Na bitte. Glücklich ist eine Emotion, und etwas, womit andere Menschen etwas anfangen können. Wenn Sie mir sagen,

dass Sie sich „gut" fühlen, nehme ich an, dass Sie damit möglicherweise „zufrieden" meinen, aber das könnte richtig oder auch falsch sein. Wenn Sie mir jedoch sagen, dass Sie sich „glücklich" fühlen, erhalte ich eine viel genauere Vorstellung davon, wo Sie stehen, und kann es besser nachempfinden.

Eine Methode, um zu lernen, Ihre eigenen Emotionen zu erkennen, besteht darin, eine Erinnerung in Ihrem Telefon einzurichten und sich mehrmals am Tag bewusst zu fragen, wie Sie sich fühlen. Nutzen Sie diese Momente, um eine kurze Pause einzulegen, Ihre Emotionen zu bemerken und sie mit Namen zu benennen. Achten Sie dabei auf die folgenden ausweichenden Antworten:

- „Gut"
- „Ganz gut"
- „Besser als gestern"
- „Geht so"
- „Okay"
- „Nicht so gut"

Wenn Sie sich dabei ertappen, eine ausweichende Antwort zu geben, bohren Sie nach und suchen Sie nach der tatsächlichen Emotion. Ein paar Beispiele:

- „Gut" könnte eigentlich Folgendes heißen: glücklich, dankbar, entspannt, zufrieden, aufgeregt, begeistert, zuversichtlich oder optimistisch.
- „Geht so" könnte eigentlich Folgendes heißen: zufrieden, müde, erschöpft oder besorgt.
- „Nicht so gut" könnte eigentlich Folgendes heißen: verängstigt, verletzt, traurig, einsam, besorgt, verraten, krank, unbehaglich, angespannt oder schwach.
- „Besser als gestern" könnte eigentlich Folgendes heißen: glücklich, zufrieden, aufgeregt oder traurig, angespannt usw.

Wenn Sie lernen, Ihre eigenen Emotionen zu erkennen, wird dies Ihre Fähigkeit verbessern, sich in andere Menschen hineinzuversetzen, und zwar auf zwei Arten. Erstens werden Sie besser in der Lage sein, ausweichende Antworten von anderen zu erkennen, wenn Sie diese hören. Inzwischen hinterfrage ich solche Antworten immer. Wenn ich auf der Arbeit bin, einkaufen gehe oder mit Freunden unterwegs bin und jemanden frage, wie es ihm geht, werde ich in neun von zehn Fällen hören: „Gut". In solchen Momenten verspüre ich fast den Drang, nachzuhaken und frage oft: „Nur gut?" Die Antwort, die darauf folgt, ist meist ehrlicher und präziser, und sie ermöglicht ein aufrichtigeres (und angenehmeres) Gespräch.

Zweitens ermöglicht es Ihnen die Fähigkeit, Ihre eigenen Emotionen zu erkennen, eine größere Bandbreite an emotionalen Erfahrungen zu erleben. Wenn Ihnen jemand sagt, dass ihm etwas peinlich ist, werden Sie besser in der Lage sein, sich in ihn hineinzuversetzen, indem Sie an einen bestimmten Moment zurückdenken, in dem Sie sich genauso gefühlt haben. Wenn Sie es nicht gewohnt sind, Ihre eigenen Emotionen zu erkennen, können solche peinlichen Erlebnisse einfach in den internen Ordner „schlechte Gefühle" abgelegt werden, wo es schwieriger ist, sie später wiederzufinden.

Empathie-Tipp #5: Aufhören, eigene Emotionen zu werten

Um Empathie für andere Menschen zu empfinden, ist es wichtig, ihre Emotionen zu erkennen und *anzunehmen*, ohne sie zu bewerten. Das kann anfangs schwierig sein, wenn man es nicht gewohnt ist, dies bei sich selbst zu tun. Leider sind viele von uns in dem Glauben aufgewachsen, dass bestimmte Emotionen unterdrückt, vermieden oder ignoriert werden sollten, wie wir bereits in Kapitel 2 besprochen haben. Wenn Sie dazu neigen, kann ich Ihnen gute Neuigkeiten mitteilen: Sie sind bereits auf dem besten Weg, etwas daran zu ändern. Je mehr Sie sich bewusst darin üben, desto einfacher wird es Ihnen fallen, Veränderungen herbeizuführen.

Das nächste Mal, wenn Sie eine Emotion in sich aufkommen spüren (egal welche), achten Sie darauf, ob Sie dazu neigen, sie zu vermeiden oder zu unterdrücken. Achten Sie auf abwertende Aussagen wie „Reiß dich zusammen" oder „Mach dir keine Sorgen". Versuchen Sie, sich einzureden, dass „alles in Ordnung" ist? Das sind klare Anzeichen dafür, dass Sie die

Emotion bewerten anstatt sie anzunehmen. Sobald Sie erkennen, dass Sie dazu tendieren, sie zu vermeiden oder zu unterdrücken, haben Sie die Möglichkeit, innezuhalten, zurückzutreten und stattdessen zu versuchen, sie zu akzeptieren. Wenn Sie bemerken, dass eine Emotion in Ihnen aufsteigt, betrachten Sie sie so objektiv wie möglich, wie ein Wissenschaftler, der eine Reaktion beobachtet:

- „Mann, bin ich wütend."
- „Gott, ich fühle mich gerade echt eifersüchtig."
- „Wow, eigentlich fühle ich mich gerade ziemlich traurig."

Für ein paar Extrapunkte können Sie auch versuchen, sich selbst Bestätigung zu geben:

„Na schön, ich bin wütend. Das ist ja auch logisch. Er hat mir versprochen, er wäre pünktlich und ist schon eine Viertelstunde zu spät. Wer wäre da nicht wütend?"

Je mehr Sie lernen, Ihre eigenen Emotionen zu erkennen, anzunehmen und zu bestätigen, umso einfacher wird es Ihnen fallen, die Emotionen anderer Menschen nachzuempfinden und ihnen dann Bestätigung zu geben.

Kapitel 4: Zusammenfassung

Empathie ist etwas anderes als Sympathie. Sympathie heißt, eine Situation von außen zu betrachten (z.B. „Es tut mir leid, dass du traurig bist"). Empathie heißt, sich in die Situation Ihres Gegenübers hineinzuversetzen und seine Emotionen mitzuempfinden (z.B. „Wow, das ist echt traurig").

Empathie-Tipp #1: Nachfragen. Stellen Sie sich Fragen wie: Welchen Hintergrund hat dieser Mensch? Könnte seine Vergangenheit seine jetzigen Reaktionen beeinflussen? Was wäre, wenn mir jemand etwas Ähnliches angetan hätte? Wie würde ich mich in dieser Situation fühlen? Auch wenn ich vielleicht noch nie genau das Gleiche erlebt habe, habe ich möglicherweise schon einmal ähnliche Gefühle empfunden?

Empathie-Tipp #2: Anschauen. Nehmen Sie sich einen Moment Zeit, um Ihr Gegenüber auf einer tieferen Ebene zu sehen. Stellen Sie Blickkontakt her. Erkennen Sie, dass Ihr Gegenüber ein Mensch mit Ängsten, Hoffnungen, Unsicherheiten, Schmerz und Freude ist. Erkennen Sie, dass sein Leben möglicherweise härter ist, als Sie glauben.

Empathie-Tipp #3: Sich Ihr Gegenüber als Kind vorstellen. Versuchen Sie, sich Ihr Gegenüber als vierjähriges Kind vorzustellen. Da in vielen Kulturen das Zeigen von Emotionen als Zeichen von Schwäche angesehen wird, kann es schwierig sein, sich in Erwachsene hineinzuversetzen, denen es möglicherweise sehr schlecht geht. Eine hilfreiche Methode, um dieses Stigma zu überwinden und echte Empathie zu empfinden, ist es, sich Ihr Gegenüber als Kind vorzustellen. Diese Vorstellung kann Ihnen helfen, eine tiefere Verbindung zu ihm herzustellen und Mitgefühl zu entwickeln.

Empathie-Tipp #4: Lernen, eigene Emotionen zu erkennen. Indem Sie sich angewöhnen, Ihre eigenen Emotionen zu erkennen, können Sie Ihre Fähigkeit verbessern, die Emotionen anderer Menschen zu erkennen. Überlegen Sie sich, ob Sie jeden Tag eine Erinnerung einrichten, um sich selbst zu fragen und zu ergründen, wie es Ihnen gerade geht.

Empathie-Tipp #5: Aufhören, eigene Emotionen zu werten. Das nächste Mal, wenn Sie feststellen, dass eine Emotion in Ihnen aufkommt (egal welche Emotion es ist), achten Sie darauf, wie Sie damit umgehen. Beobachten Sie, ob Sie dazu neigen, die Emotion zu unterdrücken, zu vermeiden oder anzunehmen. Indem Sie lernen, Ihre eigenen Emotionen bewusst wahrzunehmen, anzunehmen und zu bestätigen, werden Sie allmählich besser darin, auch die Emotionen anderer Menschen zu erkennen und nachzuempfinden. Dieser Prozess ermöglicht es Ihnen, empathischer auf andere Menschen zu reagieren und ihnen Bestätigung zu geben.

TEIL II:
Die Vier-Schritte-Methode der Bestätigung

Einführung zu Teil II

Die Theorie hinter der Bestätigung mag zwar recht einfach sein, aber die korrekte Anwendung im Alltag kann etwas schwieriger sein. Die Vier-Schritte-Methode der Bestätigung ist eine erprobte und bewährte Technik, um in nahezu jeder Situation wirksame Bestätigung und Rückmeldung zu geben. Diese Methode basiert auf tausenden erfolgreichen Bestätigungserlebnissen und wurde auf vier grundlegende Schritte reduziert. Jeder Schritt wird von mehreren entscheidenden Prinzipien begleitet, die zusätzliche Erkenntnisse und Orientierung bieten.

Die Vier-Schritte-Methode wurde bewusst einfach gestaltet, um eine universelle Anwendbarkeit zu ermöglichen. Sie kann sowohl in kurzen, oberflächlichen Unterhaltungen als auch in langen, emotional intensiven Gesprächen eingesetzt werden. Da jede Interaktion einzigartig ist, kann die Anwendung der Methode je nach Situation variieren. In nahezu jeder Situation wird Ihnen die Vier-Schritte-Methode jedoch dabei helfen, eine bessere Verbindung zu Ihrem Gesprächspartner herzustellen und Unterstützung zu bieten. In Teil III werden weitere Beispiele zur Anwendung der Methode behandelt.

Wie das Fahrradfahren oder das Spielen eines Musikinstruments wird die Bestätigung durch Übung verinnerlicht. Sie werden nicht mehr bewusst „Schritt 1, Schritt 2, Schritt 3" denken, wenn Sie mit jemandem sprechen. Mit der Zeit werden Sie die Methode automatisch und mühelos anwenden und sie intuitiv anpassen, ohne darüber nachzudenken. Also lassen Sie uns loslegen.

Die Vier-Schritte-Methode der Bestätigung

1. Einfühlsam zuhören
2. Emotion bestätigen
3. Rat oder Trost geben (falls angemessen)
4. Emotion nochmals bestätigen

Schritt 1:
Einfühlsames Zuhören

„Eine der ehrlichsten Formen der Achtung lautet, wirklich hinzuhören, was jemand zu sagen hat."

Bryant H. McGill

Bevor Sie jemandem Bestätigung geben können, müssen Sie erst einmal verstehen, wie er sich fühlt. Das fängt mit Zuhören an. Sie müssen aber auch über die Worte hinaus schauen, die Ihr Gegenüber sagt und erkennen, welche Emotionen zum Ausdruck kommen. Das nennt man einfühlsames Zuhören.

Der Autor und Vermittlungsexperte Gregorio Billikopf meint, dass wir beim einfühlsamen Zuhören *„jemanden begleiten* in seiner Trauer, Angst, Selbstentdeckung oder Schwierigkeit (oder sogar großer Freude!)"[5]

Wenn Sie anderen zuhören, wenden Sie die im vorherigen Kapitel behandelten Techniken zum Aufbau von Empathie an. Fragen Sie sich: „Welche Emotionen kann ich im anderen sehen? Ist er wütend? Verletzt? Aufgeregt? Verwirrt? Wie würde ich mich fühlen?"

Gehen Sie der Situation auf den Grund. Zeigen Sie Interesse, indem Sie nachfragen und überprüfen, ob Sie die Sache richtig verstehen, wie z.B.:

- „Das war doch letzte Woche, oder?"
- „Was hast du dann gemacht?"

- „Moment, hat sie dir das wirklich gesagt?"
- „Wie hat sich das angefühlt?"
- „Du wirkst besorgt."
- „Du hörst dich frustriert an."

Je besser Sie die Situation verstehen und wie Ihr Gegenüber darauf reagiert, umso wirksamer wird Ihre Bestätigung ausfallen.

Grundprinzipien beim einfühlsamen Zuhören

Volle Aufmerksamkeit schenken

In unserer heutigen schnelllebigen und immer erreichbaren Welt ringen Dutzende von Ablenkungen um unsere Aufmerksamkeit. Vielleicht meinen Sie, solange es so aussieht, als würden Sie zuhören, sei es schon in Ordnung, geistig woanders zu sein. Doch nichts könnte weiter von der Wahrheit entfernt sein. Wenn wir nicht vollkommen präsent sind, bemerken andere das.

Haben Sie es schon einmal erlebt, dass Sie sich mit jemandem unterhalten haben, der geistig ganz offensichtlich woanders war? Vielleicht hat er auf sein Telefon geschaut, über Ihre Schulter geblickt oder auf die Uhr geschaut. In solchen Momenten fällt es schwer, das Gefühl zu haben, man sei seinem Gegenüber wichtig. Was auch immer Ihr Gegenüber ablenkt, ist schließlich offenbar wichtiger, als mit Ihnen zu reden. Das ist kein schönes Gefühl.

Olivia Fox Cabane, Autorin von *Das Charisma-Geheimnis*, betont, dass „die mangelnde Aufmerksamkeit nicht nur deutlich sein, sondern auch gekünstelt wirken kann – was sogar noch schlimmere emotionale Folgen hat. Wenn man als unnatürlich wahrgenommen wird, ist es praktisch unmöglich, Vertrauen, Bindung oder Loyalität aufzubauen."[6]

Wenn jemand Sie um ein Gespräch bittet und Sie gerade wirklich abgelenkt sind oder nicht abschalten können, teilen

Sie es mit und bitten Sie darum, das Gespräch zu einem späteren Zeitpunkt fortzusetzen. Sie könnten z.B. sagen:

„Tut mir leid, aber ich bin gerade mitten in einem stressigen Projekt, und es würde mich ablenken, wenn wir uns jetzt unterhalten würden. Kann ich dich in einer Stunde nochmal anrufen? Ich will dir meine volle Aufmerksamkeit geben können."

Wenn Sie sich dann mit ihm unterhalten, zeigen Sie ihm, dass er Ihre volle Aufmerksamkeit hat. Schließen Sie Ihren Laptop, auch wenn der Bildschirm aus ist. Nehmen Sie die Kopfhörer ab, auch wenn keine Musik spielt. Stellen Sie den Fernseher aus, auch wenn er auf lautlos gestellt ist. Diese kleinen Dinge können sehr viel ausmachen, um ganz bei der Sache zu sein. Sie helfen nicht nur dabei, tatsächlich Ablenkungen zu vermeiden, sondern zeigen Ihrem Gegenüber auch, dass er Ihnen wichtig genug ist, um sich voll und ganz auf ihn zu konzentrieren.

Wenn Sie unsicher sind, ob solche Kleinigkeiten tatsächlich einen großen Unterschied machen, bedenken Sie Folgendes: Forschungen zeigen, dass allein die *Anwesenheit* eines Smartphones die Qualität eines Gesprächs beeinträchtigen kann, selbst wenn es nur auf dem Tisch liegt. Es mag zwar ungewöhnlich klingen, aber es ist wahr. In einer 2014 erschienenen Studie namens *„Der iPhone-Effekt"* setzen Forscher die 200 Probanden paarweise zusammen und baten sie darum, sich in ein Café zu setzen und sich zehn Minuten lang zu unterhalten. Forschungsassistenten beobachteten die Gespräche aus der Ferne und achteten besonders darauf, ob während des Gesprächs ein Mobiltelefon benutzt, angefasst oder auf den Tisch gelegt wurde. Als die Zeit abgelaufen war, wurden die Probanden gebeten, eine Reihe von Fragen und Aussagen zu beantworten, die die Verbundenheit, Anteilnahme und ähnliche Aspekte des Gesprächs messen sollten. Einige der Fragen lauteten: „In welchem Maße hat sich Ihr Gegenüber bemüht, Ihre Gedanken und Gefühle zu verstehen?" oder „Ich hatte das Gefühl, meinem Gegenüber wirklich vertrauen zu können."

Und welche Ergebnisse kamen dabei heraus?

Wenn einer von beiden Probanden sein Telefon herausholte oder auf den Tisch legte, wurde die Gesprächsqualität niedriger eingestuft als bei Gesprächen, die in Abwesenheit von Mobiltelefonen geführt wurden.[7] „Selbst, wenn sie nicht aktiv benutzt werden, klingeln, piepen oder aufleuchten, stehen [Elektrogeräte] für das weitere soziale Umfeld von Menschen", so die Forscher. „In ihrer Anwesenheit haben Menschen den ständigen Drang, sich zu informieren, Nachrichten nachzusehen und ihre Gedanken zu anderen Menschen und Welten abschweifen zu lassen."

Ungeteilte Aufmerksamkeit ist in der heutigen Welt wirklich eine Seltenheit. Wenn der Mensch, mit dem Sie sich unterhalten, Ihnen wirklich wichtiger ist als die neuesten Sportergebnisse oder eine neue SMS, *zeigen Sie es ihm*. Vertrauen Sie mir – es wird etwas ausmachen.

Andere einladen, sich zu öffnen

Es ist nicht immer einfach, auf jemanden zuzugehen und zu sagen: „Ich bin gerade echt frustriert. Kann ich mal kurz mit dir reden?" Stattdessen machen viele Leute „Andeutungen", dass sie sich gerne unterhalten möchten und Bemerkungen wie „Ich bin gerade so etwas von frustriert" oder „Puh, das war vielleicht eine harte Woche".

Manchmal kann auch die Körpersprache oder die allgemeine Ausstrahlung darauf hindeuten, dass etwas im Argen ist. Wenn Sie am richtigen Ort sind und helfen wollen, können Sie Ihrem Gegenüber mit einer einfachen Einladung zeigen, dass Sie bereit sind, zuzuhören:

- „Du wirkst beunruhigt. Was ist denn los?"
- „Möchtest du darüber reden?"
- „Was ist los?"

Wenn jemand Bestätigung und Beistand braucht, reicht oft eine einfache, beiläufige Einladung wie diese, um ihn zum Reden zu bewegen. Wenn er jedoch auch nach einer leichten Ermutigung nicht bereit ist zu sprechen, drängen Sie nicht weiter nach. Sie haben ihm bereits signalisiert, dass

Sie zuhören möchten, und das allein ist schon ein wertvolles Geschenk.

Genau hingucken

Wenn es um Kommunikation geht, können wir uns nicht allein auf die Worte unseres Gegenübers verlassen (und tun es auch nicht). Kommunikationsexperten gehen davon aus, dass ganze 70 Prozent unserer Kommunikation nonverbal erfolgen – über Körpersprache, Tonfall usw.[8]

Es ist sehr wahrscheinlich, dass Sie zumindest einmal etwas gesagt haben, aber etwas anderes gefühlt haben. Diese innere Stimme in unserem Kopf verleitet uns oft dazu, die Wahrheit zu verzerren, um andere nicht zu belasten oder vor den Kopf zu stoßen. So sagen Sie zum Beispiel: „Nee, das geht schon", obwohl es eigentlich nicht geht. Sie erklären sich bereit, einer Freundin zu helfen und sagen: „Klar, kann ich machen", sind dann aber verärgert, weil Sie wissen, dass Sie dadurch zu spät zur Arbeit kommen. Sie sagen Ihrem Partner, es sei „nicht schlimm", dass er Ihre Kuchenreste gegessen hat, obwohl Sie ihn insgeheim dafür erwürgen könnten.

Wegen dieser Tendenz kann es hilfreich sein, auf den Ausdruck, den Tonfall und die Körpersprache Ihres Gegenübers zu achten. Stimmen sie mit dem überein, was Sie hören und fühlen, und geben sie Ihnen weitere Hinweise darauf, was Ihr Gegenüber möglicherweise noch empfindet?

Einmal war ich mit einer Frau zum Essen verabredet, die von ihrer ziemlich schwierigen Kindheit erzählte. Sie verwendete nie die Worte „es war scheiße" oder „es war wirklich hart". Sie teilte nur einige Fakten mit, während sie versuchte, weiter zu lächeln.

Sie brauchte nicht zu sagen: „Ich habe mich verlassen gefühlt" oder „Es war unglaublich schmerzhaft". Ich konnte es in ihren Augen sehen. Ich versuchte, mit ihr mitzufühlen und mir vorzustellen, wie schwer es gewesen sein musste, was sie mir gerade erzählt hatte.

„Wow", sagte ich mit einer Mischung aus Trauer und Respekt, „das muss wirklich hart gewesen sein."

„Ja", stimmte sie zu und machte eine kurze Pause, „das war wirklich hart."

Das Gespräch wechselte bald zu angenehmeren Themen. Indem ich mir einen Moment Zeit nahm, um über ihre Worte hinauszuschauen und ihre Emotionen nachzuvollziehen, wurde unsere Freundschaft ein kleines Stück stärker.

Auf eine Energiestufe kommen

Stellen Sie sich vor, Sie haben an einem Online-Gewinnspiel teilgenommen und tatsächlich eine Kreuzfahrt gewonnen (und stellen Sie sich vor, es handelt sich nicht um einen Betrug). Voller Freude gehen Sie auf einen Arbeitskollegen zu.

„Das glaubst du nie!", verkünden Sie, „ich habe gerade einen All-inclusive-Urlaub in die Karibik gewonnen!"

„Echt?", antwortet Ihr Kollege, ohne die Energie und Begeisterung, die Sie erwartet haben.

„Ja, im Ernst! Ich kann's gar nicht glauben, dass ich echt gewonnen habe! Wo ich doch sonst nie was gewinne!"

Mit einem müden Lächeln und einem Blick, der deutlich macht, dass es ihm eigentlich egal ist, sagt Ihr Kollege: „Wow, das ist ja echt toll. Glückwunsch."

Das wäre schon eine ziemliche Enttäuschung, oder? Es ist eigentlich egal, was Ihr Kollege Ihnen gesagt hat. Wenn er es in einem nicht sonderlich begeisterten Ton sagt, fühlen Sie sich abgewiesen. Auch wenn er sich eigentlich für Sie freut, haben Sie aufgrund seiner unpassenden emotionalen Reaktion (hier: mangelnde Begeisterung) den Eindruck, dass es ihm eigentlich egal ist.

Das passt zu den Ergebnissen der Studie, die wir in Kapitel 3 besprochen haben. Dort fanden Forscher heraus, dass passiv bestärkende Reaktionen (z.B. ruhiger, zurückhaltender Beistand) einer Beziehung genauso sehr schaden können wie aktiv destruktive Reaktionen (z.B. bewusst Gedanken oder Gefühle des Gegenübers angreifen).

Mit Ihrem Gegenüber auf einer Energiestufe zu sein, ist entscheidend dafür, ob Bestätigung wirksam ist. Wenn Ihr Gegenüber begeistert ist, sollten Sie lächeln, lachen und sich von der Begeisterung mitreißen lassen. Wenn Ihr Gegenüber traurig ist, sollten Sie darauf Rücksicht nehmen und leiser und mitfühlender sprechen. Obwohl einige Menschen dieses Prinzip von Natur aus anwenden, vergessen sie es oft, wenn sie abgelenkt, gestresst oder mit anderen Dingen beschäftigt sind. Wenn Sie sich jedoch an die Energiestufe Ihres Gegenübers anpassen, wird Ihr Gegenüber eher das Gefühl haben, dass Sie präsent sind und sich auf das einlassen, was es sagt und empfindet.

Mikrobestätigungen geben

Bei Mikrobestätigungen handelt es sich um kurze Kommentare oder Reaktionen, die die Rechtmäßigkeit der Emotionen und Meinungen Ihres Gegenübers bestätigen. Diese kurzen und einfachen Kommentare signalisieren dem anderen, dass Sie seine Erzählung verstehen, ihn nicht verurteilen und er sich sicher fühlen kann, weiterzuerzählen. Einige Menschen setzen dies intuitiv um, indem sie sich automatisch auf die richtige Energiestufe ihres Gegenübers einstellen.

Mikrobestätigungen können folgendermaßen aussehen:
- „Echt?"
- „Oh ja, da wäre ich aber auch wütend!"
- „Das muss echt frustrierend sein."
- „Klingt logisch."
- „Das ist ja toll!"
- „Das gibt's doch nicht!"
- „Kann ich verstehen."
- „Das muss ja echt wehgetan haben."
- „Das kann ich verstehen, dass dich das verwirrt."
- „Glückwunsch! Das muss ja ein tolles Gefühl sein!"

Das Ziel besteht darin, die Kommentare kurz zu halten, um nicht den Eindruck zu erwecken, dass Sie unterbrechen oder das Gespräch dominieren wollen. Obwohl diese Kommentare möglicherweise unbedeutend erscheinen, spielen sie eine entscheidende Rolle dabei, das Gespräch am Laufen zu halten. Stellen Sie sich vor, Sie würden mit jemandem sprechen, der überhaupt nicht auf das reagiert, was Sie sagen. Es wäre fast wie mit einer Wand zu reden, und das Gespräch würde wahrscheinlich nicht lange dauern.

Mikrobestätigungen zeigen dem anderen, dass Sie aufmerksam sind und ermutigen ihn, weiterzuerzählen. Sie schaffen auch ein Gefühl von Sicherheit und Vertrauen. Wenn Ihr Gegenüber Ihnen auf einer bestimmten Ebene (durch die Mitteilung eines positiven oder negativen Erlebnisses) öffnet, helfen Mikrobestätigungen ihm, sich dabei sicher zu fühlen.

Nichts richten wollen

Wenn jemand bei Ihnen Dampf ablässt oder über etwas Negatives spricht, sollten Sie darauf verzichten, Ratschläge zu geben, es sei denn, die Person bittet explizit darum. Vermeiden Sie auch den Drang, den Silberstreifen am Horizont zu zeigen oder darauf hinzuweisen, dass die Situation noch schlimmer sein könnte. Dies ist bei weitem der häufigste Fehler, den viele Menschen machen. Wie wir zu Beginn besprochen haben, können Aussagen wie die folgenden, obwohl sie gut gemeint sind, die Erfahrungen und Erlebnisse des Gegenübers *abwerten*:

- „Das stimmt doch gar nicht – du siehst klasse aus!"
- „Da musst du Folgendes machen …"
- „Mach dir keine Sorgen, was die anderen Menschen denken."
- „Vergiss es einfach! Lass dir doch davon nicht den Tag verderben."
- „Es wird schon werden."
- „Es könnte ja schlimmer sein."
- „Mach dir keine Sorgen. Du wirst schon irgendwann den Richtigen finden."

Ratschläge oder Trost ungefragt zu geben, insbesondere bevor Sie die Emotionen Ihres Gegenübers bestätigen, verharmlost seine Erfahrungen. Es lässt den Eindruck entstehen, dass Sie 1) nicht glauben, dass Ihr Gegenüber das Recht hat, sich so zu fühlen, wie er es tut, und 2) dass Sie besser als er wissen, wie man das Problem löst. Selbst wenn Sie tatsächlich eine Lösung kennen, ist es jetzt nicht der richtige Zeitpunkt dafür. Es mag zwar wahr sein, dass es vielleicht nicht produktiv ist, sich über das Geschehene den Kopf zu zerbrechen. Die Tatsache bleibt jedoch, dass Ihr Gegenüber sich nun einmal Gedanken macht und jemanden braucht, der versteht, warum er das tut.

Es ist sicherlich eine Herausforderung, sich mit Ratschlägen zurückzuhalten, aber wenn Sie es lernen, wird es sich stark auf das Vertrauen und die Sicherheit in Ihren Beziehungen auswirken. Das bedeutet nicht, dass Rückmeldungen oder Ratschläge in einem Gespräch keinen Platz haben, sondern nur, dass der richtige Zeitpunkt dafür noch nicht gekommen ist. Sie werden später Gelegenheit haben, Ratschläge, Rückmeldungen und/oder Trost in Schritt 3 zu geben, und wenn Sie bis dahin warten, erhöht sich die Wahrscheinlichkeit, dass man auf Sie hören wird.

Schritt 1: Zusammenfassung

Volle Aufmerksamkeit schenken. Wenn Sie abgelenkt sind, teilen Sie Ihrem Gegenüber dies mit und bitten Sie höflich darum, das Gespräch zu verschieben. Wenn Sie jedoch Zeit für ein Gespräch haben, schließen Sie Ihren Laptop, schalten Sie den Fernseher aus und widmen Sie sich ausschließlich dem Gespräch.

Den anderen einladen, sich zu öffnen. Wenn Sie das Gefühl haben, dass jemand über etwas reden möchte, es ihm aber unangenehm ist, das Gespräch anzufangen, können Sie eine einfache Frage stellen wie: „Du wirkst aufgeregt. Was ist los?"

Genau hingucken. Ganze 70 Prozent unserer Kommunikation ist nonverbal. Achten Sie genau auf Tonfall und Körpersprache des anderen, um ihn besser zu verstehen.

Auf eine Energiestufe kommen. Wenn jemand froh oder begeistert ist, lächeln Sie, lachen Sie und lassen Sie sich von der Begeisterung mitreißen. Wenn jemand enttäuscht oder traurig ist, nehmen Sie Rücksicht und sprechen Sie leiser und mitfühlender.

Mikrobestätigungen geben. Geben Sie kurze Kommentare wie „Das gibt's doch nicht!", „Echt?" oder „So würde ich mich da auch fühlen", um es dem Gegenüber angenehm zu machen, weiterzuerzählen. Damit teilen Sie mit, dass Sie zuhören, keine Wertung abgeben und die Dinge aus seiner Perspektive sehen.

Nichts richten wollen. Halten Sie sich bis Schritt 3 mit Ratschlägen, Rückmeldungen oder Trost zurück. Vermeiden Sie Kommentare wie „Zumindest ...", „Du solltest ..." oder „Das stimmt nicht."

Schritt 2:
Die Emotion bestätigen

„Das Wichtigste an Kommunikation ist, zu hören, was nicht gesagt wird."

Peter Drucker

Sobald es eine Pause im Gespräch gibt oder Ihr Gegenüber ausgeredet hat, gehen Sie zu Schritt 2 über, indem Sie mehr als nur direkte Bestätigung geben. Denken Sie daran, dass bestätigende Antworten die Einlassungen Ihres Gegenübers dadurch gültig und wertvoll machen, dass sie:

1. Eine **bestimmte Emotion** erkennen
2. Eine **Begründung für diese Emotion** liefern

Wenn Sie sagen: „Ich verstehe, dass du da besorgt bist", geben Sie eine einfache Bestätigung, indem Sie Ihrem Gegenüber zeigen, dass Sie zuhören und verstehen. Wenn Sie Ihrem Gegenüber aber auch noch zeigen, *warum* Sie seine Sorgen verstehen, vervielfacht das die Wirkung.

Ein Beispiel dafür wäre: „Ich verstehe, dass du besorgt bist. In deiner Situation ist es schwer, nicht besorgt zu sein."

Hier sind noch ein paar weitere Beispiele:
- „Ich freue mich wirklich sehr für dich! Du hast ja eine **Heidenarbeit** in diese Präsentation gesteckt. Es muss sich echt toll anfühlen, dass die so gut gelaufen ist!"
- „Du hast alles Recht, frustriert zu sein. Ich würde **ausflippen**, wenn ich vier Stunden an etwas arbeite, nur um dann

rauszufinden, dass ich die ganze Zeit in die falsche Richtung gelaufen bin."
- „Ich kann es verstehen, warum du verwirrt bist. Letzte Woche habe ich dir von einer Sache erzählt, und heute möchte ich dir etwas mitteilen, das völlig anders aussieht."
- „Ich kann es verstehen, warum das wehtut. Da erlebst du den glücklichsten Moment deines Lebens, und dein Freund ist nicht gekommen, um dabei zu sein. Das hat sich wohl so angefühlt, als würde es ihn nicht einmal interessieren."

Grundprinzipien: Emotion bestätigen

Immer noch nichts richten wollen

Ja, das ist eine wichtige Wiederholung aus Schritt 1, und sie bleibt weiterhin relevant. Ich möchte sie erneut betonen, da die Versuchung, sofort mit Ratschlägen und Trost einzuspringen, für fast jeden von uns groß ist.

Sie müssen nicht zustimmen, um zu bestätigen

Wir haben schon einmal darüber gesprochen. Denken Sie aber daran, dass Sie Ihrem Gegenüber nicht zuzustimmen brauchen, um ihm Bestätigung zu geben.

Wenn Sie das Gefühl haben, dass Ihr Gegenüber die Dinge nicht richtig sieht, sollten Sie nicht vortäuschen, zuzustimmen. Gleichzeitig sollten Sie jedoch auch nicht direkt ablehnen. Versuchen Sie vielmehr zu verstehen, warum Ihr Gegenüber so empfindet, und bestätigen Sie das. Setzen Sie sich in seine Perspektive und versuchen Sie, die Dinge aus seiner Sicht zu betrachten. Wenn Sie nur seine Sichtweise kennen würden, ist es gut möglich, dass Sie ähnlich reagieren würden.

Ein Beispiel dafür könnte sein, wenn ein Kollege sich bei Ihnen darüber beschwert, dass er bei einer Beförderung übergangen wurde.

„Ich verstehe das nicht", sagt er, „ich habe diese Beförderung ja wohl viel mehr verdient als Drew! Ich bin schon fast doppelt so lange hier!"

Wenn es Ihnen ähnlich geht wie mir, wäre Ihre erste Reaktion wohl, diesen Kommentar sofort in Frage zu stellen. Meint er wirklich, er hätte eine Beförderung verdient, nur weil er schon länger für die Firma arbeitet? Was bildet der sich ein? Halten wir aber einmal kurz inne und versetzen wir uns in seine Lage.

Wie würden Sie sich in dieser Situation fühlen? Frustriert? Verwirrt? Verärgert? Beschämt? Vielleicht alles gleichzeitig? Es wäre sicherlich verwirrend und enttäuschend, wenn man erwartet, als Nächstes befördert zu werden und dann miterlebt, wie ein neueres Teammitglied vor einem befördert wird. Auch wenn Sie nicht unbedingt der Meinung sind, dass dieser Kollege die Beförderung verdient hat, können Sie dennoch nachvollziehen, warum er sich so fühlt. In diesem Schritt ist es wichtig, Ihr eigenes Urteil und Ihre Meinung zurückzuhalten und sich ausschließlich auf die Bestätigung zu konzentrieren. Indem Sie dies in dieser Situation tun, wird dies 1) die Wahrscheinlichkeit verringern, in einen Streit zu geraten, und 2) die Bereitschaft Ihres Kollegen erhöhen, Ihnen zuzuhören, wenn Sie in Schritt 3 Ihre Sichtweise äußern.

Sie könnten Ihrem Kollegen durchaus Bestätigung geben, ohne dabei zu sagen, dass er diese Beförderung verdient hätte, indem Sie so etwas sagen wie: „Ich verstehe, warum dich das aufregt. Du bist ja schon länger hier als alle anderen! Da ist es hart, mit anzusehen, wie jemand anderes eine Beförderung kriegt."

Nicht sicher, wie sich Ihr Gegenüber fühlt? Fragen Sie

Wenn es Ihnen schwerfällt, herauszufinden, wie sich Ihr Gegenüber fühlt (vielleicht aus der Gewohnheit heraus, eigene Emotionen zu verstecken oder herunterzuspielen), fragen Sie einfach nach. Das erfordert ein bisschen Fingerspitzengefühl, um nicht gleich wie ein Psychiater zu klingen (z.B. „Wie fühlen Sie sich da?"). Die folgenden zwei Techniken können aber helfen, die Emotionen anderer zu erkennen, ohne so zu klingen, als würden Sie eine Psychoanalyse betreiben.

Option 1: Die „Unverbindlich-bleiben"- Methode

Bei dieser Methode fragen Sie Ihr Gegenüber direkt, wie es sich fühlt, jedoch auf eine nicht abschreckende und unverbindliche Weise. Es erfordert nur ein paar kleine Kniffe, um nicht wie ein Psychologe zu klingen:
- „Also, wie siehst du die ganze Sache?"
- „Ah. Wie hast du dich da gefühlt?"

Einfach, aber wirksam.

Option 2: Die „Raten/Fragen"- Methode

In dieser indirekteren Methode nennen Sie einfach ein paar Emotionen, die Ihr Gegenüber Ihrer Meinung nach empfinden könnte, und formulieren Sie sie als Frage:
- „Also, fühlst du dich da frustriert? Verwirrt? Wütend?"
- „Da musst du doch aufgeregt sein, oder? Nervös? Vielleicht ein bisschen von beidem?"

Diese Technik hat zwei Vorteile. Erstens zeigt sie Ihrem Gegenüber, dass Sie zuhören und versuchen, seine Meinung nachzuvollziehen. Zweitens hilft es auch Ihrem Gegenüber, seine Emotionen zu erkennen, was Ihnen letztendlich etwas zum Bestätigen gibt. Die Raten/Fragen-Methode läuft meistens so ab:

Sie: „Also, fühlst du dich da frustriert? Verwirrt? Wütend?"

Freund: „Ja, ich fühle mich schon frustriert, denn ich habe das Gefühl, ich werde überhaupt nicht ernstgenommen, egal, was ich sage."

Sie: „Das kann ich dir nicht verübeln. Das würde mich wahnsinnig machen."

Wenn Sie mit Ihrer Einschätzung, wie sich Ihr Gegenüber fühlt, falsch liegen, kann es korrigiert und klargestellt werden:

Sie: „Also, fühlst du dich da frustriert? Verwirrt? Wütend?"

Freund: „Nee, ehrlich gesagt ist mir das eigentlich egal.

Ich fühle mich einfach nur verraten, weil sie mir versprochen hat, sie würde das nicht machen."

Sie: „Das ist schon verständlich. Ich würde mich da genauso fühlen."

Wenn Sie etwas nachempfinden können, sagen Sie es

Wenn Sie nachempfinden können, was Ihr Gegenüber Ihnen mitteilt, ist Schritt 2 ein guter Zeitpunkt, um ihm das eventuell zu sagen. Solange Sie es taktvoll anstellen, kann es Ihre Bestätigung stärken und mehr Vertrauen und Verbundenheit schaffen.

Eine kurze Vorwarnung: Wenn jemand sehr schwere Emotionen oder Erlebnisse mitteilt, sollen Sie den Satz „Ich weiß genau, wie du dich fühlst" vermeiden, auch wenn Sie es so meinen. Äußern Sie lieber Sätze wie: „Ich habe mich ähnlich gefühlt, als ..." oder „Ich kann das nachempfinden."

Zu behaupten, „ganz genau" zu wissen, wie sich jemand fühlt, versetzt den anderen in Abwehrhaltung. Wenn Sie mir nicht glauben, achten Sie einmal darauf, wie Sie das nächste Mal reagieren, wenn Ihnen jemand so etwas sagt. Selbst wenn es noch so gut gemeint ist, ist es erstaunlich entwertend, so etwas zu hören.

Tatsächlich kann niemand von uns genau wissen, wie sich ein anderer Mensch fühlt. Unsere Gedanken und Emotionen sind von Millionen von Lebenserfahrungen geprägt, sodass es praktisch unmöglich ist, dass zwei Menschen genau die gleichen Gedanken oder Reaktionen haben. Wenn Sie etwas nachempfinden können, vermeiden Sie einfach das Wort „genau", und Sie können beruhigt sein. Es mag nur eine kleine Änderung sein, aber wenn Emotionen hochkochen, steckt der Teufel im Detail.

Vor einigen Jahren näherte sich mir ein Freund, der nach einer schweren Trennung emotional völlig durcheinander war. Der Schmerz und die Frustration, die er ausdrückte, kamen mir nur allzu bekannt vor, da ich an meine eigene kürzlich zurückliegende Trennung dachte. Als ich merkte, dass ich vieles von dem, was er erzählte, nachempfinden konnte, hörte ich aufmerksam zu, bis er ausgeredet hatte, und antwortete dann wie folgt:

„Es tut mir leid. Das ist wirklich hart. Ich kann nachvollziehen, wie du dich fühlst. Es klingt genauso wie damals, als Sarah und ich uns getrennt haben. Jedes Mal, wenn ich ihr begegnete, bekam ich Herzklopfen und wünschte mir, wieder mit ihr zusammen zu sein. Die Wochenenden danach waren die reinste Hölle. Es ist wirklich schwer, sich so zu fühlen, als müsste man wieder bei null anfangen, oder?"

Indem ich meine eigenen Erfahrungen teilte, um Bestätigung zu geben, konnte ich die Emotionen, die ich erlebt hatte und die sehr denen meines Freundes ähnelten, verdeutlichen. Beachten Sie jedoch, wie schnell ich meine eigene Erfahrung beiseitelegte und mich wieder auf meinen Freund konzentrierte, indem ich ihm eine Frage stellte. Wenn Sie Ihre eigenen Erfahrungen einbringen, um Bestätigung zu geben, halten Sie es kurz, konzentrieren Sie sich auf die Erfahrungen und Emotionen, die Sie am besten nachempfinden können, und richten Sie dann wieder Ihre Aufmerksamkeit auf Ihr Gegenüber.

Wenn Sie etwas nicht nachempfinden können, sagen Sie es

Etwas Ähnliches schon einmal erlebt zu haben kann zwar helfen, sich in Ihr Gegenüber hineinzuversetzen, ist aber nicht unbedingt nötig. Ob Sie es glauben oder nicht, aber zuzugeben, gehört zu den Dingen, die besonders bestätigend wirken. Warum? Weil es Respekt und Achtung für das Gegenüber und seine Situation zum Ausdruck bringt. Es ist das genaue Gegenteil von „Ich weiß genau, wie du dich fühlst" und erstaunlich bestätigend.

Um auf diese Weise Bestätigung zu geben, nehmen Sie die Emotionen zur Kenntnis, die Ihr Gegenüber ausdrückt, und versetzen Sie sich in dessen Lage. Überlegen Sie, wie Sie sich fühlen würden, wenn Sie sich in derselben Situation befänden.

Es ist möglich, dass Sie zum Beispiel noch nie den Verlust

eines Kindes erlebt haben, aber Sie können sich sicherlich vorstellen, in gewissem Maße nachvollziehen, wie stark die Gefühle von Trauer, Sehnsucht, Verzweiflung, Wut und Angst sein müssen, die mit einem solchen Verlust einhergehen. Sie können Bestätigung geben und Respekt zeigen, indem Sie Dinge sagen wie:

„Ich weiß ehrlich gesagt nicht, was ich sagen soll. Ich kann mir nur vorstellen, wie schlimm das sein muss."

„Ach du lieber Gott. Das tut mir so leid. Ich kann mir nicht mal vorstellen, was du gerade mitmachen musst."

So ging ich auch die Situation an, die ich in der Einleitung beschrieben habe. Die Frau, mit der ich ausgegangen bin, hatte große Schwierigkeiten aufgrund der Scheidung ihrer Eltern – etwas, mit dem ich keine persönlichen Erfahrungen hatte. Anstatt zu behaupten, dass ich genau wüsste, was sie durchmacht, gab ich zu, dass ich es eben nicht wusste. Als sie merkte, dass ich ihre Gefühle mit Bestätigung statt mit Ratschlägen entgegnete, legte sie schnell ihre Verteidigung ab, und wir konnten uns auf einer viel tieferen Ebene annähern.

Die Wirksamkeit dieser Art von Bestätigung ist einfach unglaublich. Sie bestätigt nicht nur die Emotionen des Gegenübers, sondern zeigt auch Respekt, indem sie die Erfahrungen des anderen nicht herunterspielt. Indem wir zugeben, dass wir nicht genau wissen, wie sich ein anderer Mensch fühlt, helfen wir ihm, eher bereit zu sein, sich uns anzuvertrauen. Es wird klar, dass er sich uns öffnen kann, ohne verurteilt oder bedrängt zu werden, das Problem zu lösen.

Bei der Wahrheit bleiben

Von Zeit zu Zeit kommen Freunde und Familie auf uns zu, weil sie sich beschämt, reuevoll, frustriert usw. fühlen, weil sie einen Fehler begangen, schlechte Leistungen gebracht haben oder einfach in einer heiklen Situation stecken. In solchen Situationen kann es leicht sein, die Wahrheit zu beschönigen, um keine weiteren Verletzungen zu verursachen. Dies führt jedoch oft dazu, dass wir dem Gegenüber sagen „Du hast das großartig gemacht!", obwohl es nicht der Fall war, „Ich denke, es ist ganz gut geworden", obwohl wir es nicht glauben, oder „Er hat keine Ahnung, wovon er spricht", obwohl wir wissen, dass er es sehr wohl weiß.

Das Problem dabei, um den heißen Brei herumzureden oder die Wahrheit zu beschönigen, besteht darin, dass unser Gegenüber höchstwahrscheinlich die Wahrheit kennt und spürt, wenn wir nicht ehrlich meinen, was wir sagen. Wie bereits erwähnt, kommen Menschen zu uns, weil sie Bestätigung suchen und nicht, um unangenehme Emotionen zu begraben.

Wenn Sie sich in einer solchen Situation befinden, sollten Sie die Wahrheit und die Ernsthaftigkeit der Lage anerkennen. Sie können dabei taktvoll sein, aber Sie sollten nicht lügen. Nehmen wir das folgende Beispiel von Trent, einem siebzehnjährigen Schüler, der vor einer schwierigen Situation bei einem Fußballspiel stand.

Trent ist ein herausragender Spieler, der oft mehrere Tore in einem Spiel schießt. In diesem speziellen Spiel ließ er sich jedoch von einigen gegnerischen Spielern provozieren. Bei seinem ersten Versuch, ein Tor zu schießen, ist er ausgerutscht und hat den Ball komplett verfehlt. Das gegnerische Team lachte ihn aus, verspottete ihn und machte sich über ihn lustig, was ihn noch mehr belastete. Trent versuchte wiederholt, auf das Tor zu schießen, traf jedoch jedes Mal daneben. Er übergab den Ball dem gegnerischen Team häufiger als üblich. Sein Trainer entschied sich dafür, ihn auszuwechseln, damit er sich wieder fangen konnte. Als Trent auf der Bank saß, verstärkten sich seine schlechte Laune und sein Frust über seine schlechten Leistungen immer mehr. Seine Mannschaft verlor das Spiel, und Trent ging mit dem Gefühl davon, dass es allein seine Schuld gewesen sei. Als er auf seinen Vater zugeht, der am Rand des Spielfelds steht, schaut er auf den Boden schüttelt den Kopf und sagt: „Jetzt habe ich meinem Team die verdammte Meisterschaft vergeigt."

Wie würden Sie reagieren? Wenn es Ihnen wie den meisten Menschen geht, würden Sie sofort antworten mit einem mitfühlenden: „Nein, das hast du nicht! Du hast toll gespielt!"

Es gibt hier aber zwei Probleme. Erstens ist es eine entwertende Aussage. Haben Sie das gemerkt? Sofort mit „Nein, das hast du nicht" zu antworten, verharmlost Trents Gefühle, die er gerade eben zum Ausdruck gebracht hat, statt ihm zu erlauben, sich so zu fühlen.

Zweitens hat Trent eben nicht toll gespielt – und das weiß er auch. Entsprechend wird er wahrscheinlich alles ablehnen, was das Gegenteil nahelegt, auch wenn es noch so gut gemeint ist. Ist er allein dafür verantwortlich, dass das Spiel verloren ist? Nein. Hat er sich angestrengt? Absolut. Aber hat er auch gut gespielt? Nicht besonders, und das ist auch in Ordnung. Er ist ja auch nur ein Mensch. Wir haben alle unsere schlechten Tage. Wenn wir versuchen, seine Emotionen abzutun oder zu ändern, bestärken wir ihn nur darin, dass es nicht in Ordnung ist, Fehler zu machen und frustriert zu sein.

Eine bestätigendere Antwort könnte folgendermaßen aussehen:

Vater: „Das tut mir leid, Trent. Das war wirklich ein hartes Spiel."

Trent: „Ich kann es nicht glauben, dass ich nicht ein einziges Tor geschafft habe!"

Vater: „Du warst halt nicht in Höchstform, und manchmal kann man da einfach nichts machen. Ich wäre da genauso frustriert. Und ich hoffe, dir ist klar, dass die Niederlage nicht allein deine Schuld ist."

Trent: „Ich weiß, aber ich kann es einfach nicht glauben, dass ich so ausgeflippt bin."

Vater: „Was meinst du denn damit?"

Trent: „Na, ich habe mich von den anderen provozieren lassen!"

Vater: „Was war denn da los?"

Trent: „Das war nur wegen diesem ersten blöden Schuss. Die anderen haben sich das ganze Spiel nicht mehr darüber eingekriegt, und ich habe ständig daran denken müssen! Ich habe mich so gedemütigt gefühlt."

Vater: „Das tut mir leid, Trent. Das muss dir wirklich peinlich gewesen sein. Und frustrierend, weil du nicht darüber hinweggekommen bist."

Beachten Sie, wie Trents Vater zugibt, dass Trent nicht gut gespielt hat, sich jedoch gleichzeitig einfühlsam zeigt. Seine Reaktion passt zu dem, was Trent selbst denkt (z.B. „Ich habe schlecht gespielt, und das ist scheiße"), was ihm hilft, sich verstanden und bestätigt zu fühlen. Gleichzeitig konnte sein Vater besser verstehen, warum Trent nicht in Bestform war, und bestätigte, dass es belastend ist, sich vor Gleichaltrigen so sehr zu blamieren.

Ehrlich und aufrichtig in unseren Bestätigungen zu bleiben, macht sie nicht nur wirksamer, sondern stärkt auch das Vertrauen in der Beziehung. Wenn ein Freund uns immer sagt, dass wir gute Arbeit geleistet haben, obwohl dies offensichtlich nicht der Fall ist, neigen wir dazu, seine Komplimente abzutun. Wir denken dann vielleicht: „Das sagt er immer", selbst wenn er es tatsächlich ernst meint.

Wenn derselbe Freund jedoch nicht davor zurückschreckt, uns zu sagen, dass er nicht beeindruckt ist, hätte ein Kompliment von ihm deutlich mehr Gewicht. Wir wären uns sicher, dass er es ehrlich meint, was das Lob umso angenehmer macht.

Ehrlich zu sein und gleichzeitig taktvoll in unseren Bestätigungen zu bleiben, ist sicherlich nicht einfach, aber es ist die Mühe wert und zahlt sich letztendlich aus.

Schritt 2: Zusammenfassung

Emotion bestätigen. Sobald es eine Pause im Gespräch gibt oder Ihr Gegenüber ausgeredet hat, geben Sie ihm volle Bestätigung. Das tun Sie am besten, indem Sie 1) die soeben geäußerten Emotionen anerkennen und 2) eine Begründung für diese Emotionen liefern.

Bestätigen, auch wenn Sie nicht zustimmen. Es ist nicht nur möglich, jemandem Bestätigung zu geben, ohne ihm zuzustimmen, sondern sogar nützlich. Wenn Sie dem anderen

Bestätigung geben, auch wenn Sie anderer Meinung sind, wird er eher bereit sein, eine andere Perspektive oder einen Rat anzuhören. Sobald Sie ihm zeigen, dass Sie ihn wirklich verstehen, wird er auch eher offen für Ihre Meinung sein.

Unsicher, wie sich Ihr Gegenüber fühlt? Fragen Sie nach. Eine einfache Frage wie „Wie fühlst du dich bei der Sache?" oder „Du bist wohl ziemlich verärgert, oder?" reicht oft, um die Klarheit zu schaffen, die Sie brauchen, um Bestätigung zu geben.

Wenn Sie etwas nachempfinden können, sagen Sie es. Verwenden Sie Sätze wie „Ich kann das nachempfinden" oder „Ich habe schonmal so etwas Ähnliches erlebt", statt „Ich weiß genau, wie du dich fühlst". Achten Sie darauf, sich wieder auf Ihr Gegenüber zu konzentrieren, sobald Sie Ihr Erlebnis erzählt haben.

Wenn Sie etwas nicht nachempfinden können, sagen Sie es auch. Zuzugeben, dass Sie sich nicht in die Lage des anderen hineinversetzen können und nicht genau wissen, wie er sich fühlt, kann unglaublich bestätigend sein.

Bei der Wahrheit bleiben. Widerstehen Sie dem Drang, zu lügen, damit sich Ihr Gegenüber besser fühlt. Bleiben Sie stattdessen bei der Wahrheit, geben Sie seinen Emotionen Bestätigung und bieten Sie in Schritt 3 Trost und Beistand.

Schritt 3:
Rat oder Trost geben (falls angemessen)

„Immer, wenn du im Besitz der Wahrheit bist, musst du sie mit Liebe verkünden, oder der Bote und die Botschaft werden beide abgelehnt."

Mahatma Gandhi

Sobald Sie Ihr Gegenüber angehört und ihm Bestätigung gegeben haben, sind Sie in einer guten Position, um ihm Ratschläge, Rückmeldungen oder Trost zu geben, falls das angemessen ist.

Was meine ich mit angemessen? Man muss nicht zu jeder Situation eine Meinung haben. Tatsächlich braucht man das bei den meisten alltäglichen Bestätigungen nicht. Wenn Sie aber Gelegenheit haben, einen Rat zu geben, ist es zunächst einmal wichtig, herauszufinden, ob Ihr Gegenüber bereit ist, sich ihn anzuhören.

Unerwünschte Ratschläge vermeiden

Es kommt nur allzu leicht vor, dass man glaubt, wenn jemand seinen Dampf ablässt, suche er auch um Rat. Doch wie wir bereits in den vorherigen Kapiteln festgestellt haben, ist das oft nicht der Fall. Unerwünschte Ratschläge können daher dazu führen, dass unser Gegenüber blockiert, verwirrt oder in

Abwehrhaltung geht. Erinnern Sie sich einmal an einen Moment, in dem Ihnen jemand plötzlich gesagt hat, was Sie tun müssen, obwohl Sie eigentlich nur jemanden brauchten, der Ihnen zuhört. Haben Sie das schon erlebt? Die meisten von uns haben das. Um zu verhindern, dass Sie denselben Fehler machen, können Sie eine der folgenden beiden Methoden anwenden, um zu sehen, ob Ihr Gegenüber für Rückmeldungen offen ist.

Methode #1: Fragen, was Ihr Gegenüber will

Wenn jemand Ihnen von schwierigen Emotionen oder Erlebnissen erzählt, ohne Sie um Hilfe zu bitten, fragen Sie so etwas wie:
- „Wie kann ich dir denn helfen?"
- „Kann ich irgendwas für dich tun?"

Oft wird man Sie einfach um Ihre Meinung fragen. Es ist jedoch möglich, dass Sie auch feststellen werden, dass Ihr offenes Ohr und Ihre Bestätigung alles sind, was man von Ihnen gebraucht hat. Sie werden vielleicht hören: „Na ja, es hat mir eigentlich schon geholfen, dass du mir zugehört hast" oder „Weißt du was? Ich glaube, ich weiß schon, was ich tun muss. Aber danke, dass ich mal Dampf ablassen konnte." Es ist erstaunlich, wie schnell manche Menschen mit ihren Problemen fertigwerden, wenn sie sich nur gehört und bestätigt fühlen.

Methode #2: Um Erlaubnis für die eigene Meinung fragen

Wenn Sie jemandem gerne eine Rückmeldung geben würden, jedoch nicht darauf warten möchten, dass er danach fragt, können Sie es mit einer der folgenden Varianten versuchen:
- „Ich habe einige Gedanken dazu. Darf ich sie mit dir teilen?"
- „Hättest du gerne meine Meinung dazu?"
- „Darf ich dir sagen, wie ich das sehe?"
- „Könnte ich mal meinen Senf dazugeben?"

Wenn Sie vorhaben, Ihre Meinung zu äußern, aber nicht sicher sind, ob der andere es gerne hören möchte, ist es ratsam, um Erlaubnis zu fragen. Indem Sie um Erlaubnis bitten, zeigen Sie dem anderen Respekt für seine Emotionen und dass Sie ihn genauso klug und fähig sehen wie sich selbst. Wenn er Ihnen die Erlaubnis gibt, eine Rückmeldung zu geben, wird er diese offener anhören, selbst wenn es vielleicht nicht angenehm ist. Sollte er Ihnen jedoch keine Erlaubnis erteilen, respektieren Sie das und behalten Sie Ihren Rat für ein anderes Mal vor.

Keine Regel ohne Ausnahmen

In den meisten Situationen ist es angemessen, um Erlaubnis zu fragen, bevor man einen Ratschlag gibt. Es gibt jedoch auch Zeiten, in denen unerwünschte Ratschläge durchaus angemessen oder sogar notwendig sein können. Diese beiden Situationen sind die häufigsten Ausnahmen, aber es gibt noch weitere. Behalten Sie das Prinzip im Hinterkopf, um Erlaubnis zu fragen, aber bewerten Sie immer zuerst die Situation und entscheiden Sie entsprechend.

Ausnahme #1: Bei der Erziehung von Kindern

Eltern tragen die Verantwortung, ihre Kinder zu schützen, ihnen beizustehen und sie zu erziehen, unabhängig davon, ob die Kinder ihre Meinung hören möchten oder nicht. Es ist sinnvoll, Kindern zuzuhören und Bestätigung zu geben, bevor man sie belehrt, aber es ist nicht notwendig, die Erlaubnis eines vierjährigen Kindes einzuholen, bevor man ihm sagt, dass man einen heißen Herd nicht anfassen soll. Ebenso haben Eltern die Verantwortung, ihren Teenager vor den Folgen seines Verhaltens zu warnen, auch wenn der Teenager ihren Rat nicht hören möchte.

Das bedeutet jedoch nicht, dass Eltern ihre Kinder nicht um Erlaubnis bitten können. Wenn Eltern um Erlaubnis bitten, ihre Meinung sagen zu dürfen, gibt dies auch kleinen Kindern die Möglichkeit, aus eigenem Willen um Hilfe zu bitten, und macht sie offener für diese Meinung. Selbst wenn die Antwort „Nein" lautet, können Eltern immer noch entscheiden, ihre Meinung zu äußern.

Wenn es darum geht, erwachsenen Kindern Ratschläge zu geben (d.h. über 18 Jahre alt, verheiratet und/oder allein lebend), ist es am besten, um Erlaubnis zu fragen. Dies zeigt Respekt und Vertrauen und kann zu einer gesunden Beziehung beitragen.

Ausnahme #2: Wenn die Beschwerde oder Wut Ihnen gilt

Eine zweite Ausnahme von dieser Regel ist, wenn Ihr Gegenüber auf Sie wütend ist oder Sie beschuldigt. In solchen Situationen kann es notwendig sein, die Lage, die Absichten oder die eigene Meinung klarzustellen, unabhängig davon, ob die andere Person dies wünscht oder nicht.

Auch in solchen angespannten Situationen können Sie Ihrem Gegenüber Bestätigung geben, indem Sie Schritt 1 und 2 anwenden (einfühlsam zuhören und Emotion bestätigen). Ihm das Gefühl zu geben, verstanden zu werden, auch wenn Sie nicht mit dem einverstanden sind, was Ihr Gegenüber sagt, kann viel dazu beitragen, die Spannung aus dem Gespräch zu nehmen. Es erhöht auch die Wahrscheinlichkeit, dass man sich Ihren Standpunkt anhört. Es schadet nie, um Erlaubnis zu bitten, den eigenen Standpunkt zu äußern (z.B. „Das sehe ich aber anders. Dürfte ich das mal erklären?"), aber wenn die Antwort „Nein" lautet, können Sie dennoch beschließen, es zu tun. Da solche Situationen besonders schwierig sind, sollten wir uns ein Beispiel anschauen.

Nehmen wir an, Sie sind auf der Arbeit und ein Kollege aus einer anderen Abteilung kommt wütend auf Sie zu. Ihr Team wurde gebeten, Materialien für eine Besprechung mit einem Kunden zusammenzustellen und hat hart daran gearbeitet, eine nahezu unmöglich einhaltbare Frist einzuhalten. Am Abend zuvor hat Ihnen der stellvertretende Geschäftsführer

(Vorgesetzter Ihres Kollegen) mitgeteilt, dass aufgrund einer Änderung im Terminkalender des Kunden Ihr Team nun eine weitere Woche Zeit zur Vorbereitung hat. Ihr Kollege hat diese Nachricht jedoch nicht erhalten und wartet immer noch auf die Präsentation.

Kollege: „Ich habe Ihnen doch gesagt, die Präsentation hätte gestern vorliegen müssen, und mein Posteingang ist immer noch leer! Ich dachte, ich hätte mich klar ausgedrückt, dass diese Besprechung für unsere Firma lebenswichtig ist! Wie soll ich denn hier meine Arbeit machen, wenn Sie sich nicht an die Fristen halten?"

Sie und Ihr Team haben alle anderen Projekte auf Eis gelegt, um diese Präsentation fertigzustellen, und hätten sie auch abgeliefert, wenn Ihr Vorgesetzter Ihnen keine Fristverlängerung gegeben hätte. Wenn Sie nicht gerade unter allen Umständen übermenschliche Selbstbeherrschung haben, wird wahrscheinlich Ihr Blut gerade kochen und Sie können es kaum erwarten, Ihrem Kollegen Ihre Meinung zu sagen.

Es wäre zwar ein herrliches Gefühl, zurückzuschlagen und Ihren Kollegen in die Schranken zu weisen, aber das würde Ihrer Beziehung keinen Gefallen tun. Wenn Sie stattdessen Schritte 1 bis 3 anwenden (auch wenn es wahrscheinlich das Letzte ist, was Sie tun wollen), haben Sie eine bessere Chance, die Situation positiv zu lösen.

Das Hauptproblem an diesem Beispiel ist einfach mangelnde Kommunikation zwischen Ihrem Kollegen und seinem Vorgesetzten. Je früher Sie das also klären können, desto besser. In dieser Situation würde Schritt 1 (einfühlsames Zuhören) nicht bedeuten, einfach nur da zu sitzen und sich anzuhören, wie Ihr Kollege Sie für unfähig hält. Stattdessen kann es heißen, eine einfache Frage zu stellen:

Sie: „Sie wissen schon, dass Ihr Chef mich gestern Abend angerufen und uns gesagt hat, wir sollen das verschieben?"

Eine Frage zu stellen, statt gleich mit einer Anschuldigung oder persönlichen Beleidigung zu kontern ist ein guter Weg, um Ihrem Kollegen klarzumachen, dass er nicht über alles Bescheid weiß und gleichzeitig Ruhe zu bewahren. Es ermöglicht auch, Ihre eigenen Annahmen zu überprüfen, um sicher zu sein, dass Sie keine voreiligen Schlüsse ziehen.

Kollege: „Was? Nein, was hat er denn gesagt?"

Sie: „Er hat mir mitgeteilt, dass der Kunde seine Pläne in letzter Minute geändert hat und es nicht vor nächster Woche schaffen wird. Er hat auch erwähnt, dass Sie den Bericht erst nächsten Donnerstag benötigen."

An diesem Punkt könnte Ihrem Kollegen die Situation möglicherweise etwas unangenehm sein. Sie können Schritt 2 (Bestätigung der Emotion) anwenden, um seine anfängliche Frustration zu lindern, und dann direkt zu Schritt 3 übergehen (Rückmeldung geben), um Ihre eigene Wut und Frustration klar auszudrücken. Dabei möchte ich klarstellen, dass es nicht bedeutet, dass Sie seinen Wutausbruch rechtfertigen oder seine Anschuldigungen ohne Weiteres akzeptieren sollten. Seine Reaktion, so verständlich sie angesichts seines Unwissens auch sein mag, war dennoch respektlos. Sie haben das Recht, sich und Ihr Team zu verteidigen, ohne dafür um Erlaubnis bitten zu müssen. Das könnte folgendermaßen aussehen:

Kollege: „Oh ... das tut mir leid. Das habe ich nicht gewusst."

Sie: „Ich verstehe ja, dass Sie sich aufregen, weil Sie den Eindruck haben, wir hätten eine Frist verpasst. Aber ich kann es nicht leiden, dass Sie hier voreilige Schlüsse ziehen und reinplatzen, obwohl mein Team und ich unseren Kopf für Sie hinhalten. Bitte achten Sie das nächste Mal darauf, ob Sie wirklich Bescheid wissen, bevor Sie mir und anderen im Team nochmal Unfähigkeit vorwerfen."

Beachten Sie, wie Sie Ihrem Kollegen zuhören, Bestätigung geben und Bescheid sagen können, und das in nur wenigen Sätzen. Die Antwort ging direkt von der Bestätigung zur Rückmeldung über und überging die Frage nach Erlaubnis. In Situationen, in denen Ihr Gegenüber sich beschwert oder wütend ist und es sich gegen Sie richtet, kann es durchaus angemessen – wenn nicht sogar notwendig – sein, Ihren Standpunkt schnell und klar zu äußern.

Grundprinzipien: Rückmeldung geben

Sobald Sie in der Lage sind, Rückmeldungen, Rat oder Trost zu geben, wenden Sie die folgenden Prinzipien an, um das wirksam zu tun.

Mit einer bestätigenden Aussage einleiten

Wenn Sie Ihren Standpunkt darlegen oder einen Rat geben wollen, sollten Sie mit einer weiteren bestätigenden Aussage einleiten, bevor Sie anfangen:
- „Ich verstehe vollkommen, warum Sie sich so fühlen. Ich sehe die Sache so:"
- „Wenn ich das schon höre, macht mich das wütend! Hast du dir mal überlegt, mit ihm zu reden?"

Wenn Ihr Gegenüber in eine Abwehrhaltung geht, kehren Sie zu Schritt 1 und 2 zurück und bestätigen Sie seine Emotionen. Wenn Ihnen Ihr Gegenüber erlaubt hat, Ihre Gedanken zu äußern, Sie jedoch unsicher sind, ob er sie auch hören möchte, können Sie sich auf Schritt 2 beschränken und ihm mitteilen, dass Sie bereit sind, das Gespräch fortzusetzen. (Vorausgesetzt natürlich, dass Sie tatsächlich dazu bereit sind. Andernfalls wünschen Sie ihm einfach alles Gute.)

Vorsicht beim „aber"

Dieses einfache Prinzip wird nicht nur dazu beitragen, dass Ihre Rückmeldung besser ankommt, sondern auch die Qualität Ihrer Alltagsgespräche verbessern. Wenn es nämlich verwendet wird, um zwei Aussagen zu einem Satz zu verbinden, macht das Wort „aber" die erste Aussage völlig zunichte. Wenn Sie Bestätigung geben wollen, kann das bedeuten, dass all Ihre Bemühungen umsonst waren.

Stellen Sie sich zum Beispiel vor, Sie haben sich die Haare schneiden lassen und eine Freundin kommt auf Sie zu und sagt:

„Ich find das echt toll, wie du dir die Haare gemacht hast, aber …"

Was wird sie wohl als Nächstes sagen? Das wissen Sie zwar nicht genau, aber es wird wahrscheinlich etwas Negatives sein: „findet das toll, aber ...". An diesem Punkt werden Sie wahrscheinlich das Kompliment schon vergessen haben und auf das fixiert sein, was als Nächstes kommt.

Stellen Sie sich nun vor, sie würde Folgendes sagen:

„Ich finde das echt toll, wie du dir die Haare gemacht hast, und ..."

Was dann? Was kommt als Nächstes? Sie wissen zwar immer noch nicht genau, aber es ist offensichtlich, dass ihr Ihre neue Frisur gefällt. Sie könnte sagen, was sie will, es würde jedoch nicht negieren, dass sie „das echt toll findet, wie Sie sich die Haare gemacht haben". Sie könnte sogar sagen: „... und es hat mir besser gefallen, wie du die Haare vorher hattest." Das ist wahrscheinlich nicht das, was Sie hören wollten, aber es ist viel einfacher zu akzeptieren. Sie könnten denken: „Auch wenn ihr meine alte Frisur besser gefällt, freue ich mich trotzdem, dass sie sie so mag." (Ihr Glück hängt nicht davon ab, was andere über Sie denken, aber das ist ein Thema für ein anderes Buch.)

Wenn wir sagen: „Ich verstehe ja, dass du frustriert bist, aber ich glaube nicht, dass er dir absichtlich wehgetan hat", verringern wir tatsächlich die Wirkung der ersten Satzhälfte, die bestätigend ist, und alles, was unser Gegenüber hört, ist: „Er hat dir nicht absichtlich wehgetan."

Wenn wir uns jedoch bemühen, „aber" durch „und" zu ersetzen, werden wir überrascht sein, wie sehr uns das ermöglicht, offen zu sprechen und gleichzeitig Vertrauen und Sicherheit im Gespräch zu wahren.

Mit „ich" statt mit „du" anfangen

Ein häufiger Fehler, den Menschen bei schwierigen Rückmeldungen machen, ist es, direkt mit „du" (oder „Sie") -Aussagen anzufangen, wie zum Beispiel:
- „Du irrst dich."
- „Das ist Ihre Schuld."

- „Sie sind nicht so fleißig wie die anderen."

Das ist zwar nicht unbedingt ein Problem, wenn man jemanden lobt (z.B. „Da hast du Recht", „Das hast du gut gemacht" usw.), kann aber bei etwas unangenehmeren Rückmeldungen aggressiv oder schroff wirken.

Beachten Sie, wie die gleichen Rückmeldungen wesentlich leichter zu verkraften sind, wenn Sie mit „ich" (bzw. einer Form von „ich") beginnen:

- „Ich bin da anderer Meinung."
- „Ich habe das Gefühl, dass das eigentlich Ihre Schuld ist."
- „Ich habe dein Eindruck, ihr seid nicht so fleißig wie die anderen."

Durch den Einsatz von „ich" zu Beginn der Rückmeldung betonen Sie Ihren eigenen Standpunkt und verhindern, dass die Rückmeldung wie eine Anklage wirkt. Diese einfache Änderung mildert oft die Härte negativer Rückmeldungen und reduziert die Wahrscheinlichkeit, dass Ihr Gegenüber in Abwehrhaltung geht. Stellen Sie sich vor, Sie würden zu Ihrem Kollegen sagen: „Du warst gestern echt taktlos." Dies könnte zu einem Streit führen, da die Definition von „taktlos" möglicherweise nicht eindeutig ist.

Wenn Sie stattdessen sagen: „Ich fand das gestern echt taktlos von dir", oder besser noch: „Es war mir peinlich, als du mich gestern vor allen bloßgestellt hast", liegt der Fokus auf Ihnen. Sie erzählen, wie der Kommentar Ihres Kollegen auf Sie gewirkt hat, anstatt ihm vorzuwerfen, er sei ein böser Mensch.

„Ich"-Aussagen können so sanft oder direkt sein, wie Sie es wollen. Sie funktionieren sehr gut, wenn Sie anderen Menschen Rückmeldungen geben, sei es Ihrem Partner oder bei der Abgabe eines Berichts auf der Arbeit. Ein paar Beispiele wären unter anderem:

- „Ich habe das Gefühl, du hörst mir gar nicht zu."
- „Ich fühle mich missachtet, wenn du das sagst."
- „Ich halte das für keine kluge Idee."
- „Ich habe gemerkt, dass Sie das öfter machen."

Absolute vermeiden

Bei Absoluten handelt es sich um Begriffe wie „immer", „nie", „ständig" usw. Wenn sich Ihre Rückmeldung auf Gewohnheiten oder Neigungen bezieht, kann man sich leicht dazu hinreißen lassen, zu sagen: „Immer machst du dies" oder „Nie machst du das".

Ganz abgesehen davon, dass beide Aussagen mit „du" statt mit „ich" anfangen, sind sie deshalb schroff, weil sie absolut sind. Es mag zwar durchaus sein, dass es Ihrem Gegenüber schwerfällt, anderen zuzuhören, aber zu behaupten, dass Ihr Gegenüber das nie tut, ist doch sehr unwahrscheinlich. Sicher wird Ihr Gegenüber zuhören, wenn der Arzt ihm Testergebnisse vorliest oder seine Freundin ihm Filme vorschlägt.

Diese Art von Rückmeldung kann man dadurch abdämpfen, dass man sie, wie oben besprochen, mit einem „ich" einleitet. Wenn Sie sagen: „Ich habe den Eindruck, dass du das immer machst", ist es keine Anklage mehr. Sie teilen nur mit, wie Sie die Sache wahrnehmen, was richtig oder auch falsch sein kann.

Wenn Sie sich dafür entscheiden, keine „Ich"-Aussage zu treffen, ersetzen Sie den absoluten Ausdruck durch einen nicht-absoluten. Der Satz „Das machst du immer" könnte zu "Das machst du oft" werden. Die Aussage „Du räumst nie auf" könnte zu „Du räumst selten auf" werden. Beachten Sie wieder, wie diese einfachen Änderungen der Rückmeldung sofort ihre scharfen Kanten nehmen.

Indem Sie den absoluten Ausdruck weglassen und Ihren Satz zu einer „Ich"-Aussage machen, ist die Rückmeldung wesentlich einfacher zu akzeptieren. Zum Beispiel: „Ich habe festgestellt, dass du das oft machst" (direkter - Ihre Beobachtung) oder „Ich habe das Gefühl, dass du das oft machst" (indirekter - Ihr Gefühl).

Zugeben, wenn man sich irrt

Von Zeit zu Zeit werden Sie Ratschläge geben, ohne dass man Sie darum gebeten hat. Das kommt vor. Nun, da Sie sich darüber im Klaren sind, wie wichtig es ist, um Erlaubnis zu bitten, kann es gut sein, dass Sie sich auf frischer Tat ertappen werden. Wenn Sie das tun, kann es nützlich und sogar bestätigend sein, das zuzugeben. Sie könnten zum Beispiel Ihren Satz sagen und dann hinzufügen: „Und ich habe gerade gemerkt, dass du mich gar nicht um meine Meinung gefragt hast. Entschuldige." Die Leute sind es so gewohnt, ungefragte Ratschläge zu bekommen, dass diese einfache respektvolle Geste wirklich entwaffnend sein kann. Es kann durchaus sein, dass Ihr Gegenüber Sie trotzdem um Ihre Meinung fragt und Sie so mit seiner Erlaubnis fortfahren können.

Schritt 3: Zusammenfassung

Rückmeldungen oder Ratschläge zu geben ist kein Muss. Vielleicht hat Ihnen jemand etwas Aufregendes erzählt oder etwas, worauf er stolz ist, oder Sie haben vielleicht gar keinen Rat, den Sie geben könnten. Bestätigung wirkt an und für sich schon heilsam. Es ist nicht immer nötig oder angemessen, Ratschläge zu geben.

Ungebetene Rückmeldungen meiden. Es ist wichtig zu beachten, dass nicht jeder, der von einem schwierigen Erlebnis berichtet, automatisch nach Rat sucht. Finden Sie heraus, ob er um Rückmeldung bittet, indem Sie 1) fragen, was man von Ihnen erwartet (z.B. „Wie kann ich dir helfen?") oder 2) um Erlaubnis bitten, einen Rat geben zu dürfen (z.B. „Ich habe da so ein paar Gedanken zur Sache. Darf ich die äußern?").

Wenn Sie Rückmeldungen geben, leiten Sie sie mit einer bestätigenden Aussage ein. Auch wenn Sie bereits in Schritt 2 Bestätigung gegeben haben, betont eine weitere bestätigende Aussage in Ihrer Rückmeldung, dass Sie Ihr Gegenüber verstanden haben und nachempfinden können, wie Ihr Gegenüber die Situation erlebt.

„Und" statt „aber" verwenden. So vermeiden Sie, ungewollt Ihre Bestätigung, Kommentare usw. zunichtezumachen.

Mit „ich" statt mit „du" anfangen. Die Verwendung von „ich" betont Ihren eigenen Standpunkt und Ihre Meinung, anstatt dem Gegenüber Vorwürfe zu machen. Es verringert auch die Abwehrreaktion und erleichtert eine konstruktive Kommunikation.

Absolute vermeiden. Wenn Sie jemandem eine schwierige Rückmeldung geben, ersetzen Sie Begriffe wie „immer" oder „nie" durch sanftere (und meist auch sachlich richtigere) Alternativen wie „oft" oder „selten". Wenn Sie sich dennoch dazu entscheiden, einen absoluten Begriff zu verwenden, leiten Sie ihn am besten mit Ausdrücken wie „ich glaube" oder „ich habe das Gefühl" ein, anstatt direkt auf die Person zu verweisen.

Schritt 4:
Nochmals bestätigen

> *„Sei großzügig mit Ermutigungen. Sie sind wie Sonnenstrahlen aus Worten, sie wärmen das Herz, kosten nichts und bereichern das Leben."*
>
> Nicky Gumbel

Es mag vielleicht übertrieben erscheinen, einen ganzen Schritt dem „Nochmals bestätigen" zu widmen, aber diese Wiederholung und ihre Reihenfolge sind tatsächlich wichtig. Egal, ob Ihr Gegenüber etwas Positives oder Negatives erzählt hat, es ist immer ratsam, das Gespräch mit einem abschließenden, bestätigenden Kommentar zu beenden. Dadurch wird Ihrem Gegenüber in Erinnerung gerufen, dass Sie trotz allem Gehör geschenkt haben und ihn verstehen.

Wie bereits erwähnt, ist dies wahrscheinlich genau das, was sich Ihr Gegenüber von Ihnen erhofft hat, wenn Sie an die Studie von Gottman denken. Indem Sie sich die Zeit nehmen, um erneut Bestätigung zu geben, tragen Sie dazu bei, das positive Erlebnis zu festigen. Dieser Schritt ist besonders wertvoll, wenn Sie in Schritt 3 Rückmeldung oder Ratschläge gegeben haben, die möglicherweise unangenehm sind, aber dennoch wichtig sind.

Die Emotion nochmals bestätigen

Sobald Sie diesen Schritt erreicht haben, haben Sie bereits zugehört, Bestätigung gegeben und, falls es angebracht war, eine Rückmeldung oder Trost gegeben. Zu diesem Zeitpunkt ist jede Diskussion darüber, wie man das Problem lösen kann (oder jede Begeisterung über ein freudiges Ereignis), beendet, und das Gespräch wird sich von selbst beruhigen. Wenn Sie das Gespräch in Schritt 4 beenden, gehört oft eine einfache Wiederholung der vorherigen Bestätigung dazu. Das könnte ungefähr folgendermaßen aussehen:

- „Ah, du bist echt nicht zu beneiden. Das ist wirklich eine harte Situation. Aber es hört sich für mich nach einem guten Plan an. Viel Glück dabei!"
- „Na ja, wenn du mich fragst, finde ich das schon beeindruckend, wie du damit umgehst. Das ist schon verwirrend."
- „Nochmals mein herzliches Beileid. Sie stecken da in einer sehr schwierigen Lage. Bitte denken Sie daran, dass ich immer für Sie da bin."
- „Ja, die Schule ist schon ein hartes Pflaster! Ich habe da volles Vertrauen, dass du das schaffst."
- „Glückwunsch nochmal! Ich freue mich wirklich sehr für Sie."
- „Na ja, ich kann es nur nochmal sagen, du warst heute echt spitze. Du kannst mit Recht stolz auf dich sein!"

Diese einfachen Kommentare beenden das Gespräch mit einer aufbauenden und respektvollen Note, auch in schwierigen Situationen. Sie sind eine gute Methode, um das ganze Bestätigungserlebnis abzurunden.

Verwundbarkeit bestätigen

Schritt 4 umfasst zwar meist eine einfache Wiederholung der vorigen Bestätigung, doch kann es in manchen Situationen nützlich sein, auch die Verwundbarkeit und Schwäche des Gegenübers zu bestätigen.

Wenn jemand Ihnen von einem persönlichen Erlebnis

oder persönlichen Emotionen erzählt, macht er sich damit emotional verwundbar. Er öffnet sich in einer Art und Weise, die oft unangenehm ist, in der Hoffnung, dass Sie Verständnis dafür haben. Diese Verwundbarkeit ist von entscheidender Bedeutung, um starke und gesunde Beziehungen aufzubauen. Sie ermöglicht es uns, hinter die Fassade zu blicken und einander auf einer authentischeren und tieferen Ebene zu verstehen. Wenn jemand von einem persönlichen Problem berichtet, tief verwurzelte Ängste offenbart oder Unsicherheit in bestimmten Lebensbereichen zugibt, zeigt er damit seine menschliche Unvollkommenheit und sucht Unterstützung.

Sich verwundbar zu zeigen, sei es am Arbeitsplatz, indem man Bedenken gegenüber Vorgesetzten äußert, um eine Beförderung bittet oder einen Kollegen zur Rede stellt, ist ein riskanter Schritt, der mit möglichen negativen Reaktionen einhergeht. Es ist niemals einfach. Wenn jemand sich Ihnen gegenüber geöffnet hat, ist Schritt 4 der ideale Zeitpunkt, um Dankbarkeit und Wertschätzung zu zeigen. Die folgenden Kommentare sind alle Beispiele dafür, wie man Verwundbarkeit wertschätzen kann:

- „Es ist nicht leicht, über solche Dinge zu reden. Ich bewundere Ihren Mut, dass Sie das angesprochen haben, und ich weiß es zu schätzen, dass Sie mir das erzählt haben."
- „Ich finde es echt toll, wie du dich mir gegenüber geöffnet hast. Es bedeutet mir wirklich viel."
- „Es muss wirklich schwer für dich gewesen sein, mich darauf anzusprechen. Danke dafür. Ich weiß deine Offenheit wirklich zu schätzen. Denk daran, dass ich eine hohe Meinung von dir habe."
- „Danke, dass Sie mir etwas gesagt haben. Ich bin mir sicher, es war nicht einfach, das anzusprechen, zumal Sie nicht wissen konnten, wie ich reagieren würde."

Indem Sie anerkennen, dass Ihr Gegenüber sich Ihnen geöffnet hat und wie unangenehm das sein kann, zeigen Sie, dass Ihr Gegenüber Ihnen vertrauen kann, ohne Angst vor Verurteilung oder Zurückweisung. Dies stärkt das Vertrauen und die Sicherheit in der Beziehung, was sowohl Ihnen als auch Ihrem Gegenüber zugutekommt.

Wir sollten hier jedoch auch erwähnen, dass es sinnvoll ist, Verwundbarkeit nur dann zu bestätigen, wenn es im Gespräch tatsächlich um Verwundbarkeit geht. Es wäre befremdlich, zu sagen: „Ich weiß es wirklich zu schätzen, dass du so offen zu mir warst", nachdem Ihre Freundin Ihnen mitteilt, dass sie einen zweiwöchigen Urlaub gebucht hat. Es ist wichtig, sich auf die jeweilige Situation einzulassen und zu erkennen, ob eine Bestätigung der Verwundbarkeit angebracht ist oder nicht.

Schritt 4: Zusammenfassung

Die Emotion nochmals bestätigen. Ob Sie in Schritt 3 einen Rat gegeben haben oder nicht, bringen Sie zu Ende des Gesprächs noch ein kleines bisschen Bestätigung mit ein. Indem Sie das tun, betonen Sie, dass Sie Ihr Gegenüber angehört und verstanden haben und beenden das Gespräch mit einer positiven, emotional aufbauenden Note.

Verwundbarkeit bestätigen. Persönliche Gedanken, Erlebnisse oder Emotionen mitzuteilen, kann schwer, unangenehm und sogar beängstigend sein. Wenn jemand sich Ihnen gegenüber öffnet, danken Sie ihm dafür und bestätigen Sie, dass es sehr schwer sein kann, das zu tun.

TEIL III:
Wie alles zusammenkommt

Lebensnahe Situationen

„Die Straße des Lernens durch Unterricht ist lang, während die des Lernens durch Beispiel kurz und bündig ist."

Seneca

Die Vier-Schritte-Methode der Bestätigung und die ihr zugrundeliegenden Prinzipien mögen auf den ersten Blick komplex erscheinen, aber in der Praxis können sie in weniger als einer Minute angewendet werden. Es ist wichtig zu betonen, dass diese Schritte keine exakte Wissenschaft sind und nicht in jedem Gespräch vollständig befolgt werden müssen.

In manchen Situationen reichen Schritt 1 und 2 (einfühlsames Zuhören und Emotionen bestätigen) völlig aus. In anderen Situationen werden Sie alle Schritte mehrmals durchgehen müssen. Jede Situation ist einzigartig und Sie werden instinktiv wissen, was sich natürlich und aufrichtig anfühlt. Mit etwas Übung wird Bestätigung zu einer automatischen Reaktion.

In diesem letzten Teil werden wir einige realitätsnahe Situationen betrachten, um zu sehen, wie echte Bestätigung in der Praxis aussieht. Mein Verständnis von Bestätigung habe ich größtenteils durch Zuhören und Erfahrungen mit anderen Menschen gewonnen. Eigene Erfahrungen sind unbezahlbar, aber es kann auch hilfreich sein, eine breite Palette von Beispielen zu betrachten.

Eine Vorbemerkung, bevor wir loslegen

Wie wir schon besprochen haben, sind Empathie und Aufrichtigkeit entscheidend für eine wirksame Bestätigung. Aufrichtigkeit wird weniger dadurch vermittelt, was wir sagen, sondern wie wir es sagen. Wenn wir eine bestätigende Äußerung ohne Empathie und Aufrichtigkeit machen, kann die Kontaktaufnahme scheitern.

Leider ist es schwer, Empathie und Aufrichtigkeit in einem Buch zu vermitteln, wenn nicht sogar unmöglich. Sie werden deshalb ein bisschen Ihre Vorstellungskraft bemühen müssen, wenn Sie sich die folgenden Beispiele durchlesen. Die hier verwendete Sprache und Ausdrücke entsprechen vielleicht nicht dem, was Sie sagen würden. Halten Sie sich aber nicht zu sehr an der Wortwahl auf. Achten Sie lieber auf die Prinzipien, die wir besprochen haben und darauf, wie sie angewandt werden – und wie Sie sie anwenden könnten. Was Ihre eigene Umsetzung der Vier-Schritte-Methode angeht, so werden Sie ganz von selbst in die Worte und Sätze zurückfallen, die Ihnen am ehrlichsten oder natürlichsten vorkommen.

Um die vier Schritte und Grundprinzipien zu erkennen, während sie angewandt werden, sind alle Situationen mit Anmerkungen versehen.

Vier-Schritte-Methode: Anmerkungen für lebensnahe Situationen

Z = Zuhören
MB = Mikrobestätigung
B = Bestätigung
BE = Bitte um Erlaubnis, Rückmeldung geben zu dürfen
R = Rückmeldung
NB = Nochmals bestätigen
VB = Verwundbarkeit bestätigen

Situation #1: Probleme mit einem Arbeitskollegen

Trevor beschwert sich bei Jacob über einen anderen Arbeitskollegen. In diesem Fall kennt Jacob die ganze Geschichte und ist nicht damit einverstanden, wie Trevor die Sache sieht.
    Trevor: „Mann, ich kann diesen Steven nicht ausstehen. Der kriecht der Lisa [seiner Vorgesetzten] doch bloß in den Hintern und ist zu allem fähig, nur um an die Spitze zu kommen. Ich bin schon doppelt so lange hier wie der. Ich hätte die Beförderung kriegen sollen und nicht er."
    Jacob: „Das tut mir echt leid Trevor. Das muss echt frustrierend sein." (Z, B)
    Trevor: „Ich verstehe das nicht. Ich bin doch schon wesentlich länger hier als der, und ich habe viel mehr Erfahrung!"
    Jacob: „Ja, das ist schon hart. Hast du Lisa mal gefragt, warum sie beschlossen hat, ihn statt dich zu befördern?" (MB, Z)
    Trevor: „Nee, aber ich bin mir sicher, sie wird so etwas sagen wie: ‚Er ist halt qualifizierter für den Posten' oder so etwas Schwammiges."
    Jacob: „Meinst du? Meinst du wirklich, sie würde dir keine ehrliche Auskunft geben?" (Z)
    Trevor: „Ich habe da so meine Zweifel. Ich glaube, sie mag mich eh nicht besonders."
    Jacob: „Meinst du? Das ist schon frustrierend. Willst du mal meine Meinung hören?" (MB, BE)
    Trevor: „Gern."
    Jacob: „Also, zunächst mal muss ich sagen, ich fände es wohl auch frustrierend, verwirrend und wohl auch ziemlich enttäuschend, wenn ich hier genauso lange gearbeitet hätte wie du und bei der Beförderung übergangen werde. Das ist hart. Ich muss auch sagen, dass ich von Stevens Arbeit echt beeindruckt bin. Er hat viel geleistet, seit er hier angefangen hat, hat über 200 neue Kunden an Land gezogen, und es arbeitet sich echt angenehm mit ihm." (B, R)
    Trevor: „Ich bin genauso fleißig wie er, wenn ich nicht noch fleißiger!"
    Jacob: „Du bist schon fleißig – das steht außer Frage. Es ist

schon schwer zu sagen, warum er befördert wurde statt dir, ohne Lisa zu fragen." (MB)
Trevor: „Ich werde sie bei der nächsten Besprechung mal fragen."
Jacob: „Klingt vernünftig. Ach übrigens, ich habe gerade in ein paar Minuten eine Besprechung, ich muss dann mal los. Viel Glück dabei."
Trevor: „Danke."

***

Situationen wie diese sind schwierig, wenn man mit dem Standpunkt des Gegenübers nicht einverstanden ist. Jacob mag Steven und glaubt, er habe seine Beförderung verdient. Er will aber auch seine Beziehung zu Trevor aufrechterhalten. Eigentlich braucht Jacob seine Meinung zur Sache gar nicht zu sagen. Es wäre für ihn wohl einfacher, nur zuzuhören, Bestätigung zu geben und es dabei zu belassen. Indem er es hier aber doch tut, liefert er ein nützliches Beispiel dafür, wie es ankommen kann, wenn man eine gegenteilige Meinung äußert, und wie man damit umgeht.

Beachten Sie, wie Jacob zunächst ein paar Fragen stellt, um herauszufinden, warum Trevor Steven nicht mag. Das hilft ihm, die Situation besser zu verstehen. Darüber hinaus kann Jacob die Ursprünge von Trevors Wahrnehmung nachvollziehen. Gleichzeitig liefert ihm dies auch konkrete Punkte, die er bestätigen kann.

Jacob gibt Trevor nochmal eine Bestätigung und teilt ihm dann seinen eigenen Standpunkt mit. Beachten Sie, wie er das Wort „aber" in seiner Rückmeldung vermeidet. Hätte er gesagt: „Das ist hart, aber ich bin von Stevens Arbeit echt beeindruckt", hätte er seine bestätigende Aussage zunichtegemacht und Trevor wäre wesentlich eher in Abwehrhaltung gegangen.

Trevor geht allerdings in Abwehrhaltung, als er sagt: „Ich bin genauso fleißig wie er". Beachten Sie hier erneut, wie Jacob zur Bestätigung zurückkehrt und es dabei belässt. In diesem Moment ist es wahrscheinlich angemessen, da Jacob nicht Trevors Vorgesetzter ist. Es wäre jedoch anders, wenn Jacob sein Vorgesetzter wäre, da er dann die Verantwortung hätte, Trevor konstruktives Feedback zu geben. In diesem Fall könnte Jacob bestätigen, dass Trevor fleißig ist, ihm jedoch klar machen, dass er möglicherweise nicht an den wichtigsten Aufgaben arbeitet und die erwartete Qualität nicht liefert usw.

Situation #2: Ärger in der Schule

Sydney ist eine 16-jährige Schülerin, die sich bei ihrer Mutter Karen über Ärger mit einer Mitschülerin beschwert.
Sydney: „Verdammt! Ich hasse diese verdammte Schule!"
Karen: „Was ist denn los?" (Z)
Sydney: „Ich habe gerade herausgefunden, dass Hillary mit Rachel und allen anderen hinter meinem Rücken über mich gelästert hat, und sie hat erzählt, ich würde ihr immer alle Typen ausspannen, für die sie sich interessiert! Und jetzt habe ich das Gefühl, dass mich alle hassen und dass mich keiner mehr irgendwo einladen will."
Karen: „Was? Warum macht die denn so etwas?" (MB, Z)
Sydney: „Das weiß ich nicht! Sie ist offenbar an Zach interessiert, aber Zach hat mich dieses Wochenende zum Spiel eingeladen. Ich habe ja nicht mal versucht, ihn rumzukriegen. Ich habe ja nicht mal mit ihm geflirtet!"
Karen: „Ach, du glaubst also, sie ist eifersüchtig?" (Z)
Sydney: „Ja! Und wie sie das ist."
Karen: „Und das muss echt frustrierend sein, wenn man das Gefühl hat, dass alle deine Freundinnen auf ihrer Seite stehen und du nicht mal die Chance hast, das zu erklären."
Sydney: „Ja, total."
Karen: „Was hast du denn jetzt vor?" (Z)
Sydney: „Ich weiß nicht ... ich habe versucht, mit Steph darüber zu reden, und die guckt mich einfach nur an und sagt: ‚Ach so, ja, das ist nett.' Die hat mir ja nicht mal zugehört."
Karen: „Ah, das ist echt hart. Sie hat nicht mal zugehört?

Sydney: „Nein!"
(Karen hält ein paar Momente inne, um zu sehen, ob Sydney noch mehr mitteilen möchte.)
Karen: „Ich habe da so ein paar Ideen, wie du damit umgehen kannst. Willst du mal meine Meinung hören?" (BE)
Sydney: „Klar."
(Karen gibt Ihre Rückmeldung.)
Karen: „Es tut mir leid, dass du dich gerade mit so etwas rumschlagen musst. Dieser Schulhoftratsch kann schon grausam sein. Wenn du mal darüber reden möchtest, oder wenn du einfach mal Dampf ablassen musst, bin ich immer für dich da." (NB)
Sydney: „Danke. Ich weiß das echt zu schätzen."

***

In Karens kurzem Gespräch mit ihrer Tochter bietet sie eine Mischung aus Zuhören und Bestätigung. Beachten Sie, wie sie ein paar Augenblicke wartet, bevor sie um Erlaubnis für ihre Rückmeldung gibt.

Jede Situation ist zwar einzigartig, doch stellen Pausen wie diese sicher, dass Sie mit Ihrer Rückmeldung nicht mit der Tür ins Haus fallen. Selbst wenn Sie um Erlaubnis bitten, sie mitzuteilen, sollten Sie sicher sein, dass Ihr Gegenüber Gelegenheit hat, alle Karten auf den Tisch zu legen.

Nachdem Sie Bestätigung gegeben und eine kleine Pause gemacht haben, wird Ihr Gegenüber höchstwahrscheinlich auf eine der folgenden beiden Arten reagieren:

1. Die Bestätigung sacken lassen und weitererzählen (z.B. „Genau! Und dann hat sie gesagt ...")
2. Die Bestätigung annehmen und eine Pause machen (z.B. „Genau.")

Wenn Ihr Gegenüber weitererzählt, hören Sie weiter zu und geben Sie Mikrobestätigungen. Wenn Ihr Gegenüber die Bestätigung annimmt und dann eine Pause macht, ist das eine gute Gelegenheit für Sie, um zu fragen, ob Sie eine Rückmeldung geben dürfen.

Situation #3: Eine Freundin mitten in der Scheidung

Lindsey und Kate sind gute Freundinnen.
Lindsey: „Grüß dich, Kate! Wie geht's dir?"
Kate: „Ehrlich gesagt nicht so gut."
Lindsey: „Echt? Was ist denn los?" (Z)
Kate: „John hat gerade gesagt, er will sich von mir scheiden lassen."
Lindsey: „Ach, du lieber Gott. Das ist doch nicht dein Ernst! Kate, das tut mir ja so leid. [Pause] Wann ist das denn passiert?" (MB, Z)
Kate: „Gestern Abend."
Lindsey: „Hast du das denn geahnt? Habt ihr schon länger Probleme?" (Z)
Kate: „Schon irgendwie. Ich weiß nicht, ich habe eigentlich geglaubt, dass das passieren würde. Wir haben uns in den letzten sechs Monaten ziemlich auseinandergelebt, aber ich habe wohl gedacht, das wäre halt normal. Und jetzt hat er mir gesagt, er hätte eine andere."
Lindsey: „Das soll ja wohl ein Witz sein! Ach, Kate ... das tut mir so leid." (MB)
(Lindsey hält einen Moment lang inne, um zu sehen, ob Kate weitererzählen möchte.)
Lindsey: „Wie fühlst du dich denn jetzt? Und das hat er dir erst gestern Abend erzählt?" (Z)
Kate: „Ja. Um ehrlich zu sein bin ich gerade wie betäubt. Ich weiß eigentlich nicht mal, was ich gerade davon halten soll."
Lindsey: „Das kann ich dir nicht verdenken. Ich kann mir das ja nicht mal vorstellen." (B)
(Es gibt eine kurze Pause im Gespräch und es wird deutlich, dass Kate nicht mehr weiter darüber reden möchte.)
Lindsey: „Na ja, ich bin jedenfalls für dich da. Ich weiß es echt zu schätzen, dass du mir das sagst. Das ist schon ganz heftig. Ich kann mir das ehrlich gesagt nicht mal vorstellen. Wenn du reden möchtest, weißt du Bescheid, ich habe immer ein offenes Ohr für dich." (NB)

***

Beachten Sie, wie Lindsey, statt das Thema zu vermeiden, aus Sorge, bei Kate einen wunden Punkt zu treffen, ein paar Fragen stellt, um die Situation besser zu verstehen.
Kate scheint sich ihrer Emotionen nicht auf Anhieb klar zu sein. Lindsey fragt sie deshalb, wie sie sich fühlt. Auch wenn Kate letztlich keine bestimmte Emotion nennen kann, tut Lindsey immer noch ihr Bestes, um ihr darin Bestätigung zu geben, wie schwer die Situation sein muss.
Es gibt hier sicher keinen Spielraum für Rückmeldungen, und es wird schnell deutlich, dass Kate nicht mehr weiterreden möchte. Lindsey bedankt sich deshalb bei ihr, gibt ihr noch einmal Bestätigung und verabschiedet sich mit einer offenen Einladung, sich zu einem späteren Zeitpunkt wieder zu unterhalten.

Situation #4: Ein neuer Job

Tyler und Alex sind Bekannte. Sie kennen sich über einen gemeinsamen Freund und treffen sich alle ein bis zwei Wochen.
Alex: „Tyler! Mensch, lange nicht gesehen. Wie ist es dir so ergangen?"
Tyler: „Könnte nicht besser sein! Das Leben läuft gerade ganz gut."
Alex: „Freut mich, zu hören. Wie sieht's mit der Arbeit aus?" (Z)
Tyler: „Eigentlich fantastisch, ich habe gerade einen Job bei einer neuen Firma angenommen!"
Alex: „Im Ernst? Glückwunsch!" (MB)
Tyler: „Danke!"
Alex: „Als was denn?" (Z)
Tyler: „Kundendienstleiter."
Alex: „Schön! Stimmt, du warst ja im Kundendienst in deinem letzten Job, oder? Was ist denn an diesem neuen Job anders?" (MB, Z)

Tyler: „Na ja, vorher habe ich den ganzen Tag Anrufe entgegengenommen (und mich anbrüllen lassen), aber jetzt leite ich ein Team, bilde die neuen Mitarbeiter aus und arbeite mit der Direktion zusammen, um das ganze System zu verbessern. Ich bin ziemlich begeistert."

Alex: „Ich wette, du bist froh, dass du das Telefonieren endlich los bist, oder?" (MB, Z)

Tyler: „Oh, du hast ja keine Ahnung."

Alex: „Glaube ich gerne. Leute können am Telefon schon echt brutal sein. Das muss einem schon zusetzen, sich jeden Tag mit wütenden Kunden rumzuschlagen." (B)

Tyler: „Allerdings. Ich bin mir zwar sicher, dass ich hin und wieder immer noch einen wütenden Kunden beruhigen muss, aber es kommt deutlich seltener vor als früher."

Alex: „Ah, das ist so toll." (B)

Tyler: „Ja, ich freue mich schon drauf!"

Alex: „Na ja, dann nochmals Glückwunsch, Tyler. Wann fängst du denn deinen neuen Job an?" (NB, Z)

Tyler: „Montag."

Alex: „Du musst mir unbedingt Bescheid sagen, wie es läuft!"

Tyler: „Danke, das werde ich."

***

In diesem Gespräch hat Alex seinem Freund mehrfach zwar beiläufig, aber wirksam Bestätigung gegeben. Als Tyler die Neuigkeit über seinen neuen Job erzählt, sieht Alex eine Gelegenheit, um die Gefühle von Vorfreude und Stolz zu bestätigen. Indem er sich Tylers Begeisterung und Freude anpasst, zeigt er, dass er die gute Nachricht nachempfindet und wertschätzt. Er wendet auch die „Raten/Fragen"-Technik an, um zu bestätigen, wie schwer Tylers alte Stellung war – insbesondere der Stress, der mit der Arbeit mit wütenden Kunden verbunden ist.

Dieses Gespräch war kurz und locker, und dennoch war Alex' ehrliches Interesse und positive Reaktion auf Tylers gute Nachrichten mit Sicherheit sehr anregend. Es ist gut möglich, dass Tyler mit neuer Motivation aus dem Gespräch ging und eine größere Wertschätzung für Alex empfand.

Situation #5: Ein stressiger Tag mit den Kindern

Kelli ist Hausfrau und kümmert sich um drei junge Kinder. Mark kommt von der Arbeit nach Hause und stellt fest, dass sie sichtlich erschöpft ist.

Mark: „Hallo, Schatz. Na, wie war dein Tag?"
Kelli: „Hektisch."
Mark: „Echt? Was ist denn los?" (Z)
Kelli: „Ich brauch echt mal eine Pause."
Mark: „Waren die Kinder nicht brav?" (Z)
Kelli: „Nein, es ist nicht nur das. Fahrgemeinschaft, Hausaufgaben, Fußball, Essen zubereiten und das Haus sauber halten – all das unter einen Hut zu bringen, während ich gleichzeitig versuche, alle am Leben zu halten? Dafür bin ich einfach nicht geschaffen."
Mark: „Du leistest wahnsinnig viel jeden Tag. Zu versuchen, das alles unter einen Hut zu kriegen, würde wohl jeden ziemlich mitnehmen." (B)
Kelli: „Wenn ich den Tag nur irgendwie rumkriege, wird es wohl schon gehen."
Mark: „Was hast du denn noch alles zu tun?" (Z)
Kelli: „Ich habe Lex gesagt, ich werde ihr was vorlesen, und dann muss ich mich noch um die Wäsche kümmern."
Mark: „Du hast heute mehr erreicht als die meisten Menschen in einer Woche. Wir sind beide erschöpft. Wie wäre es, wenn ich die Wäsche einräume, während du Lexi etwas vorliest, damit wir uns danach erholen können?" (B)
Kelli: „Das hört sich gut an. Danke."

***

Dieses Gespräch zwischen Mark und Kelli ist ziemlich selbsterklärend und erfordert nicht viel mehr als einfaches

Zuhören und Bestätigung. Beachten Sie, wie Mark ein paar Fragen stellt, um seine Frau dazu zu bringen, sich zu öffnen, und dann mit einer bestätigenden Aussage reagiert. Ab diesem Zeitpunkt verschafft seine Empathie und Liebe seiner Frau etwas Erleichterung von den stressigen Aufgaben des Tages, während sich beide auf den Feierabend einstimmen.

Situation #6: Vorwurf des schlechten Service

Catherine ist Rezeptionistin an einem Serviceschalter in einem Autohaus. Ein Kunde geht auf sie zu und ist wütend darüber, dass er wesentlich länger warten musste als erwartet und sein Auto immer noch nicht repariert ist.

Kunde: „Das ist doch wohl die Höhe. Ich warte hier jetzt schon seit zwei Stunden – wesentlich länger als die 30 Minuten, die Sie mir versprochen haben – und Sie haben mein Auto immer noch nicht repariert! Was ist denn da los, verdammt nochmal?"

Catherine: Es tut mir sehr leid, ich weiß, dass das frustrierend ist. Es hat wesentlich länger gedauert, als wir Ihnen gesagt haben. Ich versuche gerade, die Mechaniker zu erreichen, um für Sie herauszufinden, was da los ist." (B)

Kunde: „Das ist der schlechteste Service, den ich je bekommen habe. Das ist ja wohl ein Witz."

Catherine: „Ich verstehe Sie da vollkommen. Ich wäre da genauso frustriert. Ich bin mir sicher, dass es Ihre Pläne durcheinandergeworfen hat oder Sie daran gehindert hat, dorthin zu kommen, wo Sie sein mussten. Falls es Ihnen hilft, kann ich unserem Fahrdienst Bescheid sagen, damit er Sie überall hinfährt, wo Sie müssen, und Sie abholt, sobald Ihr Auto fertig ist. Auf Kosten des Hauses. Ich werde Sie auch sofort anrufen, sobald ich mehr Informationen habe." (B)

Kunde: „Nein, meine Termine habe ich schon verpasst. Ich will nur mit einem der Mechaniker reden."

Catherine: Natürlich. Es kommt sofort jemand, um mit Ihnen zu sprechen. Ich bitte Sie nochmals um Entschuldigung.

Wir tun unser Bestes, die Zeit so genau wie möglich einzuschätzen, aber diesmal ist das offenbar etwas schiefgelaufen. Wir tun, was wir können, um das richtigzustellen."

***

Mit wütenden Kunden zu tun zu haben ist nie eine angenehme Situation. Obwohl sie nicht dafür sorgen kann, dass das Auto schneller repariert wird, kann sie den Kunden beruhigen. Sie zeigt Empathie für den Mann und erkennt, dass seine Wartezeit zu möglichen Terminverschiebungen und weiteren Unannehmlichkeiten geführt haben könnte, was eine aufrichtige und wirksame Bestätigung darstellt. Hätte sich Catherine gerechtfertigt, wäre die Situation möglicherweise eskaliert.

Leider sehe ich solche Situationen nur allzu oft. Sie laufen ungefähr folgendermaßen ab:

Catherine: „Es tut mir leid, aber das hat man mir so gesagt. Sie arbeiten so schnell wie möglich.

Kunde: „Das ist doch wohl die Höhe. Sie haben mir doch gesagt, es würde 30 Minuten dauern!"

Catherine: „Das weiß ich, aber ich kann da im Moment nichts machen. Bitte haben Sie noch etwas Geduld, ich sage Ihnen Bescheid, sobald ich von ihnen zurückhöre."

Kunde: „Geduld?! Ich habe schon seit fast zwei Stunden Geduld!"

Catherine: „Wenn Sie sich bitte beruhigen würden. Ich rede mit ihnen und sehe nach, ob wir noch irgendetwas tun können."

Kunde: „Beruhigen? Sie müssen ja auch keine zwei Stunden auf einen Bremsscheibenwechsel warten!"

Und so weiter. Können Sie Catherines abwertende Kommentare erkennen? Sie sind überall. Auch wenn sie es eigentlich gut meint, verschlimmern ihre Bemühungen die Situation nur weiter. Ein bisschen mehr Verständnis und Bestätigung können einen enormen Unterschied machen, wie Tag und Nacht.

Situation #7: Beruhigung eines Kleinkindes

Caden ist vier Jahre alt und gerät in einen Wutanfall, als er bemerkt, dass seine Mutter ausgegangen ist, um den Abend mit ihren Freundinnen zu verbringen. Jim, sein Vater, versucht, ihn zu beruhigen.

Caden: „Wo ist die Mami?!"
Jim: „Sie ist ein bisschen raus, mit ihren Freundinnen spielen."
Caden: „Ich will auch mit!"
Jim: „Tut mir leid, Caden. Wir können heute nicht mit der Mami mitkommen. Aber ich bin ja da; wir können unten mit deinen Spielsachen spielen!"
Caden: „Nein, Papa, ich will die Mami!"
Jim: „Ich weiß, Caden. Es ist traurig, wenn die nicht da ist, oder? (Z, B)
Caden: (mit verschränkten Armen und Schmollmund) „Ja ..."
Jim: „Mir fehlt sie auch. Sie ist so lieb und zärtlich und auch gut im Geschichten vorlesen, oder?" (B, Z)
Caden: (immer noch schluchzend, aber deutlich ruhiger) „Ja."
Jim: „Wenn sie zurück ist, hat sie versprochen, dass sie dich zudeckt und dir eine Geschichte vorliest. Na, wie hört sich das an?"
Caden: „Gut."
Jim: „Das wird schön. Und bis dahin machen wir erstmal Käsenudeln. Möchtest du das?"
Caden: „Na, gut ..."

***

Im Beispiel oben versucht Jim zuerst, Cadens deutliche Enttäuschung abzuwehren oder zu ignorieren, indem er daran erinnert, dass er ja immer noch da sein. Das schaukelt Cadens Emotionen schnell hoch und führt zu einem noch nachdrücklicheren: „NEIN, Papa, ich will die Mami!"

Als Erwachsene versuchen wir oft, mit Kindern zu argumentieren, wenn sie sich irrational verhalten. Wir denken uns vielleicht: „Na, komm schon, Kind. Sie ist ja nur für zwei Stunden weg!" Wie aber alle Eltern (und alle, die schon einmal auf kleine Kinder aufgepasst haben) bestätigen können, helfen solche Reaktionen nur selten. Emotionen sind starke, unbändige Kreaturen, und für Kleinkinder, die noch nicht gelernt haben, mit ihnen umzugehen, können sie große Angst machen.

Sobald Jim erkennt, dass Caden Bestätigung braucht, ändert er seine Taktik. Sobald er Cadens Traurigkeit bestätigt, kann er ihn beruhigen. Sobald Caden klar wird, dass sein Papa versteht, wie er sich fühlt und ihn nicht dafür verurteilt, lässt er seinen Trotz fallen und kann akzeptieren, dass seine Mama abends erst später zurückkommt.

Abschließende Gedanken

„Wenn du in jemandes Leben etwas bewirken willst, brauchst du weder attraktiv, berühmt, brillant oder perfekt zu sein. Du brauchst nur für andere da zu sein."

Karen Salmansohn

An diesem Punkt sollten Sie ein solides Verständnis von Bestätigung haben – was sie ist, warum sie wertvoll ist und wie man sie gibt. Wir haben das Was und Warum erörtert, sind die Vier-Schritte-Methode durchgegangen und haben uns ein paar lebensnahe Beispiele für diese Methode in Aktion angesehen. In diesem letzten Kapitel werden wir ein paar abschließende Tipps und Empfehlungen besprechen, um das Beste aus dieser hochwirksamen Fähigkeit herauszuholen.

Was tun, wenn Sie Bestätigung brauchen?

Mit Ihrem erweiterten Verständnis für Bestätigung werden Sie wahrscheinlich auch in der Lage sein, zu erkennen, wann Sie diese benötigen. In solchen Situationen ist es oft am besten, direkt darum zu bitten.

Vor einigen Monaten erreichte ich einen Punkt, an dem der Stress des Alltags und der Arbeit schwer auf mir lastete. Ich entschied mich, einen Tag frei zu nehmen, um mich um unerledigte Aufgaben zu kümmern, Zeit für mich zu nehmen und mich wieder ins Gleichgewicht zu bringen. Nach ein paar Erledigungen hielt ich vor einem neuen Friseursalon an, von dem mir mein Bruder erzählt hatte. Obwohl es doppelt so viel kostete, wie ich normalerweise für einen Haarschnitt ausgeben würde, dachte ich, ich sollte mal etwas anderes ausprobieren.

Nachdem ich dem Friseur erklärt hatte, was ich wollte, legte er schnell los und tat dabei genau das Gegenteil. Ich sah, wie ein viel größeres Büschel meiner Haare zu Boden fiel, als ich erwartet hatte, und das Herz sank mir in die Hose. Da man einen Haarschnitt nicht so einfach rückgängig machen kann, beschloss ich widerwillig, dass es wohl das Beste sei, ihn weitermachen zu lassen und das Beste zu hoffen.

Als er fertig war und mich vor den Spiegel rollte, konnte ich die Freude auf seinem Gesicht sehen. Jedoch war ich alles andere als begeistert. Es war nicht unbedingt ein schlechter Haarschnitt, aber ganz sicher nicht das, was ich verlangt hatte, und ich konnte meine Haare nicht mehr so stylen, wie es mir gefiel.

Ich verließ den Friseursalon mit großem Unbehagen. In meinen Gedanken malte ich mir das Rendezvous für den Abend aus und fragte mich, was meine Kollegen wohl am nächsten Tag sagen würden. Ich überlegte, ob es eine Möglichkeit gab, die Situation zu korrigieren. Während ich vor Scham im Boden versank und mir bewusst wurde, dass ich meinen Tag wegen etwas so Unbedeutendem wie einem Haarschnitt ruinierte, versuchte ich, es herunterzuspielen. „Es ist nicht so schlimm", sagte ich mir. „Die meisten werden es sowieso nicht bemerken." Doch als mein Bild im Rückspiegel auftauchte, kamen meine wahren Gedanken wieder zum Vorschein: „Nein, mein Haarschnitt sieht wirklich nicht gut aus." An diesem Punkt wurde mir klar, dass ich Bestätigung für meine Frustration und Angst brauchte, um sie loszuwerden.

Ich rief einen Mentor von mir an und erzählte ihm, ich bräuchte etwas Bestätigung und Hilfe, um wieder zu mir zu kommen. Ich erklärte die Situation und kam mir blöd vor, mir davon den Tag verderben zu lassen.

„Das ist schon frustrierend, oder?", sagte er. „Schlimm genug, dass dir der Haarschnitt nicht gefällt, aber dann gehst du morgen auf die Arbeit und die Leute sagen: ‚Mensch, was hast du denn mit deinen Haaren gemacht?'"

Diese beiden Kommentare, insbesondere der zweite, haben sofort viel Angst von mir genommen. Während wir sprachen, versuchte er nicht, meine Gefühle abzutun. Er sagte nie so etwas wie „So schlimm wird es schon nicht sein" oder „Ehrlich gesagt, die Leute werden es gar nicht bemerken".

Er erzählte mir, dass er früher auch immer viel Wert auf sein Haar gelegt hat (wobei er mittlerweile eine Glatze hat) und dass er meine Situation nachvollziehen kann. Er machte ein paar aufrichtige und bestätigende Bemerkungen, und das hat mich ungemein aufgemuntert. Ich bat ihn um Rat, wie ich die Sache vergessen und hinter mir lassen könnte. Tatsächlich gelang es mir nach ein paar Minuten Gespräch, den Tag wieder zu genießen und die Scham und Angst zu vergessen, die ich zuvor wegen der Meinung anderer empfunden hatte.

Wenn Sie Bestätigung benötigen, ist es am besten, konkret darum zu bitten. Es ist natürlich ideal, mit jemandem zu sprechen, der bereits weiß, wie man Bestätigung gibt. Wenn die Person, mit der Sie sprechen, es jedoch nicht kann, können Sie sie immer noch in die richtige Richtung lenken. Sie könnten zum Beispiel sagen:

„Hey, ich bin gerade echt gestresst und bräuchte mal ein offenes Ohr. Kann ich mich mal bei dir aussprechen? Ich brauche keine Meinung oder Vorschläge, wie ich das richten kann. Ich will einfach nur, dass du mir zuhörst und mir das Gefühl gibst, dass ich nicht verrückt bin."

Kürzlich hatte ich die Gelegenheit, genau das zu tun, als ich begann, vor einigen Familienmitgliedern Dampf abzulassen. Sie begannen, mir Ratschläge und Tipps zu geben, und ich bemerkte, dass ich immer frustrierter und defensiver wurde. Obwohl ich gerade erst um ihre Gedanken zu der Situation gebeten hatte, sträubte ich mich gegen alles, was sie sagten. Es dauerte einige Minuten, bis ich wieder einen klaren Kopf hatte. Als ich darüber nachdachte, warum ich so widerstrebend reagierte, wurde mir klar, dass ich in Wahrheit nur Bestätigung brauchte. Ich hatte eigentlich schon eine Lösung für das Problem, ich wollte nur, dass jemand meine Herausforderungen anerkennt. Ich teilte dies meiner Familie mit und sie hörten sofort auf, mir Ratschläge zu geben. Mit nur einer kleinen Portion Bestätigung konnte ich schließlich loslassen und fühlte mich deutlich besser.

Lernen, sich selbst Bestätigung zu geben

Neben der Suche nach Bestätigung durch andere Menschen ist es auch wichtig, zu lernen, sich selbst Bestätigung zu geben. Oftmals sind wir unsere eigenen schärfsten Kritiker und verurteilen uns selbst für Dinge, für die wir andere Menschen niemals verurteilen würden. Es ist entscheidend, Nachsicht mit sich selbst zu üben und zu lernen, sich selbst zu bestätigen, um eine starke emotionale Gesundheit und Glück zu erlangen.

Die Selbstbestätigung kann sowohl für positive als auch für negative Erfahrungen genutzt werden. Das bedeutet, dass Sie stolz auf sich sein und sich freuen dürfen, wenn Sie etwas richtig machen, und dass Sie sich auch traurig und beschämt fühlen dürfen, wenn etwas nicht so läuft, wie Sie es sich erhofft haben. Es geht darum, sich selbst zu erlauben, alle Gefühle anzuerkennen und anzunehmen, die im Zusammenhang mit den eigenen Handlungen und Erfahrungen entstehen. Oftmals neigen wir dazu, unsere eigenen Emotionen abzuwerten, um unangenehme Gefühle wie Angst, Wut oder Trauer zu vermeiden. Im Falle meines missglückten Haarschnitts sagte ich mir ständig Dinge wie „Es ist ja eigentlich nicht so schlimm", „Es wächst ja wieder nach" oder „Das wird schon niemandem auffallen".

Es ist wichtig zu erkennen, dass diese entwertenden Aussagen selten hilfreich sind. Antworten wie „Reiß dich zusammen" oder „Beruhige dich mal" können genauso belastend für uns sein wie für andere Menschen. Leider sind sie in unserem

eigenen inneren Dialog oft schwer zu erkennen. Statt Ihre eigenen Emotionen abzutun oder zu verurteilen, sollten Sie lernen, sich selbst so zu behandeln wie einen guten Freund. Sie könnten sich zum Beispiel Dinge sagen wie:
- „Das ist ja mal echte Qualitätsarbeit! Das habe ich gut hingekriegt!"
- „Weißt du was? Es ist völlig logisch, dass ich frustriert bin. Ich habe viel Zeit und Mühe in dieses Essen gesteckt, in der Erwartung, dass mein Mann und ich einen schönen Abend zusammen verbringen könnten."
- „Es ist verständlich, dass ich mich überfordert fühle, denn ich habe momentan wirklich viel zu tun. Jeder würde sich in meiner Situation wahrscheinlich genauso fühlen. Es wäre vernünftig, einen Schritt zurückzutreten und sich zu beruhigen."

Ihre Emotionen zu ignorieren, abzutun oder zu unterdrücken, lässt sie nicht verschwinden, sondern verdrängt sie lediglich. Dadurch werden sie unter den Teppich gekehrt und können später wieder auftauchen. Wenn Sie jedoch Ihre Emotionen erkennen und bestätigen, nehmen Sie die Wertung aus dem Spiel. Sie hören auf, sich selbst als „schlechten Menschen" zu beurteilen oder zu denken, dass etwas „falsch" ist oder „nicht sein sollte". Stattdessen lassen Sie Ihren Gefühlen freien Lauf. Dies trägt dazu bei, den inneren Kritiker verstummen zu lassen und ein angenehmeres Leben im Hier und Jetzt zu führen.

Nicht zu viel erwarten

Wenn Sie aus erster Hand erleben, wie sehr Bestätigung anderen Menschen hilft, sie beruhigt, ihnen in schweren Situationen hilft und ihre Freude und Begeisterung steigert, werden Sie jedem, mit dem Sie sprechen, Bestätigung geben wollen. Es gibt ehrlich gesagt keinen Grund, es nicht zu tun!

Obwohl Bestätigung in den meisten Fällen wirksam ist, wird es Momente geben, in denen sie nicht den gewünschten Effekt erzielt.

Selbst wenn Sie alle Schritte befolgen und sich wirklich bemühen, jemandem näherzukommen, kann es vorkommen, dass die Person sich entscheidet, nicht darauf einzugehen. Sie können anderen immer Bestätigung geben, können jedoch nicht immer davon ausgehen, dass sie diese Bestätigung auch annehmen.

Vor einiger Zeit hatte mein Freund ein Gespräch mit einer ehemaligen Klassenkameradin, die deutlich frustriert schien. Sie begann, sich über verschiedene Probleme auszulassen, mit denen sie konfrontiert war. Mein Freund hörte aufmerksam zu, bestätigte ihre Gefühle und hielt sich mit Ratschlägen zurück, während sie weiterredete. Sie ließ ihren Gedanken freien Lauf, während er einfühlsam zuhörte und ihr Bestätigung gab. Mein Freund erwartete, dass sie nach einiger Zeit Erleichterung zeigen würde, aber zu seiner Überraschung fing sie erneut von vorne an und ließ sich erneut über die gleichen Dinge aus.

„Es hat nicht funktioniert!", sagte er mir später. Es schien, dass es keine Rolle spielte, was mein Freund sagte oder wie sehr er zugehört hatte. Die Klassenkameradin steigerte sich in ihre Beschwerden hinein und weigerte sich, loszulassen. Da er gehofft hatte, alles besser zu machen, war er am Ende verwirrt und enttäuscht von sich selbst. Mit hörbarem Frust fragte er mich: „Ich verstehe es nicht. Was habe ich falsch gemacht?"

Als er mit mir ihr Gespräch durchging, konnte ich nichts erkennen, was er „falsch" gemacht hätte. Es schien, dass seine Klassenkameradin, einfach nicht in der Lage war, seine Bestätigung anzunehmen.

Während ich gerade erst angefangen hatte, dieses Buch zu schreiben, traf ich mich mit meiner Familie zum Abendessen in einem örtlichen Restaurant. Mein Vater wirkte sichtlich gestresst von der Arbeit, und ich konnte sehen, wie er darum rang, sich auf das Hier und Jetzt zu konzentrieren. Ich fragte ihn, wie sein Tag gewesen sei. „Okay", sagte er. „Nur okay?", hakte ich nach und forderte ihn auf, mehr zu erzählen. „Na ja", lautete die Antwort, „ich habe heute wesentlich mehr Zeit an einem Projekt verbracht, als mir lieb gewesen wäre."

Es gefiel mir nicht, meinen Vater gestresst zu sehen, und ich wünschte mir so sehr, dass er sich besser fühlt. Doch wir befanden uns in einem lauten, vollen Restaurant, und ich erkannte, dass er nicht in der Stimmung war, darüber zu reden. Er war sichtlich und verständlicherweise erschöpft von einem langen Tag, und ich beschloss, es dabei zu belassen.

Wenn sich herausstellt, dass Sie entweder nicht am richtigen Ort sind oder Ihr Gegenüber nicht bereit ist, sich zu beruhigen, lassen Sie sich nicht entmutigen, wenn die Bestätigung nicht die gewünschte Wirkung zeigt. Es gibt immer noch andere Gelegenheiten, und es ist wichtig zu erkennen, dass das Aufzwingen von Bestätigung in der Regel nur zu mehr Frustration führt.

Abschließende Gedanken: Zusammenfassung

Bitten Sie um Bestätigung, wenn Sie sie brauchen. Wenn Sie Bestätigung brauchen, bitten Sie konkret darum, statt zu hoffen, dass Ihr Gegenüber von selbst darauf kommt. Wenn der Mensch, mit dem Sie sprechen, mit Bestätigung nicht vertraut ist, sollten Sie ihm die Grundlagen selbst vermitteln und sehr konkret äußern, was Sie wollen und was nicht.

Lernen Sie, sich selbst Bestätigung zu geben. Widerstehen Sie dem Drang, Ihre eigenen Emotionen zu verharmlosen oder zu ignorieren. Konzentrieren Sie sich stattdessen darauf, Ihre Emotionen zu erkennen und anzunehmen. Es ist wichtig, sich selbst gegenüber nachsichtig zu sein und die Fähigkeit zu entwickeln, sich selbst zu bestätigen, um eine starke emotionale Gesundheit und Glück zu erreichen.

Erwarten Sie nicht zu viel. Selbst, wenn Sie alle Schritte befolgen und jemandem wirklich näherkommen wollen, kann er sich durchaus entscheiden, nicht darauf einzugehen.

Obwohl Sie immer anderen Menschen Bestätigung geben können, besteht keine Gewissheit, dass sie diese auch annehmen oder wie erhofft darauf reagieren.

Nachwort

Ich hoffe, Sie haben dieses Buch interessant, aufschlussreich und nützlich gefunden. Während des Schreibens habe ich die Vier-Schritte-Methode bereits in unzähligen Gesprächen angewendet. Ich habe jeden Schritt genau beobachtet, Notizen über ihre Umsetzung gemacht, bin dann auf die Prinzipien und Grundlagen zurückgekehrt und habe sie verfeinert, um sicherzustellen, dass sie so praktisch, anwendbar und wirkungsvoll wie möglich sind. Jedoch ist jeder Mensch und jede Situation einzigartig, und wie bei allem im Leben ist regelmäßige Übung der Schlüssel zum Meistern dieser Fähigkeit. Ich arbeite seit Jahren an dieser Fähigkeit und erwische mich immer noch dabei, zu entwerten oder ungefragt Ratschläge zu geben. Wenn Sie sich in solchen Situationen erwischen, machen Sie sich keine Sorgen. Achten Sie einfach darauf, wie es abläuft. Fragen Sie sich, wie Sie die Situation anders angehen könnten, und arbeiten Sie daran, sich das nächste Mal eher zu erkennen.

Wenn Bestätigung erzwungen und unnatürlich wirkt, sollten Sie verschiedene Herangehensweisen und Worte ausprobieren, bis Sie etwas finden, das sich für Sie richtig anfühlt. Sie haben die Möglichkeit, die Vier-Schritte-Methode an Ihre Persönlichkeit und Ihren Umgang anzupassen. Durch regelmäßiges Üben werden Sie herausfinden, wie Sie die Schritte mühelos, natürlich und aufrichtig anwenden können.

Während Sie diese Techniken ausprobieren, würde ich gerne von Ihren Erfahrungen hören. Welche Prinzipien haben bei Ihnen die größte Wirkung erzielt? Welche Erfolge haben Sie bemerkt? Welche Ratschläge würden Sie anderen Menschen geben, die ihre Zuhör- und Bestätigungsfähigkeiten verbessern möchten? Schreiben Sie mir eine E-Mail an michael@ihearyoubook.com und sagen Sie mir Bescheid.

Und wenn diese Prinzipien Ihr Leben positiv beeinflusst haben, wäre es toll, wenn Sie eine positive Bewertung auf Amazon.com hinterlassen könnten und das Buch auch Freunden oder Familienmitgliedern empfehlen könnten. Es erstaunt mich immer wieder, wie wenige Menschen mit diesen Prinzipien vertraut sind. Wenn Sie und die Menschen in Ihrem Umfeld lernen, wie man Bestätigung gibt, profitieren alle davon. Sie können Ihren Lieben Wertschätzung und Unterstützung auf bessere Weise zeigen, und sie werden es ebenfalls können.

Es ist mein aufrichtiger Wunsch, dass diese Prinzipien und Praxis Ihr Leben genauso bereichern werden, wie sie meines bereichert haben. Es gibt nur wenige Erfahrungen, die so erfüllend sind wie das tiefe und aufrichtige Gefühl der Verbundenheit mit einem anderen Menschen. Es gibt nur wenige Dinge, die mehr Freude bereiten, als die Freude und das Glück eines anderen Menschen zu teilen. Und es gibt nur wenige Gespräche, die so lohnend sind wie das Gefühl, für jemanden da gewesen zu sein, der einen gebraucht hat.

Denken Sie daran: Jeder Mensch, dem Sie begegnen, hat Ängste, liebt etwas und hat Verluste erlebt. Denken Sie daran, dass wir alle Liebe, Anerkennung und Verbundenheit suchen. Und denken Sie daran, dass es einer der größten menschlichen Herzenswünsche ist, unabhängig von Alter, Geschlecht, Bildungsstand und Nationalität, dass man uns zuhört und versteht.

Endnoten

1. Gottman, John. „The Relationship Cure: A 5 Step Guide to Strengthening Your Marriage, Family, and Friendships." Harmony, 2002.

2. Shenk, Chad E., und Alan E. Fruzzetti. „The Impact of Validating and Invalidating Responses on Emotional Reactivity." Journal of Social and Clinical Psychology, Ausg. 30, Nr. 2, 2011, S. 163-183.

3. Gable, Shelly L., et al. „What Do You Do When Things Go Right? The Intrapersonal and Interpersonal Benefits of Sharing Positive Events." Journal of Personality and Social Psychology, Ausg. 87, Nr. 2, 2004, S. 228-245.

4. „RSA Replay - The Power of Vulnerability." YouTube, hochgeladen von The RSA, am 4. Juli 2013. **https://www.youtube.com/watch?v=QMzBv35HbLk**

5. Billikopf, Gregorio. „Empathic Listening: Listening First Aid." Meditate.com, October, 2005. **https://www.mediate.com/articles/encinaG3.cfm**

6. Cabane, Olivia Fox. „The Charisma Myth: How Anyone Can Master the Art and Science of Personal Magnetism." 2/24/13 Ausg., Portfolio, 2013.

7. Misra, Shalini, et al. „The iPhone Effect: The Quality of In-Person Social Interactions in the Presence of Mobile Devices." EDRA, Ausg. 48, Nr. 2, 2014, S. 275-298.

8. Mehrabian, Albert, und Morton Weiner. „Decoding of Inconsistent Communications." Journal of Personality and Social Psychology, Ausg. 6, Nr. 1, 1967, S. 109-114; Mehrabian, Albert, und Ferris, S.R. „Inference of Attitudes from Nonverbal Communication in Two Channels." Journal of Consulting Psychology, Ausg. 31, Nr. 3, 1967, S. 48-258.